公司估值

原书第**❷**版

[美] 大卫·弗里克曼（David Frykman）雅各布·托勒瑞德（Jakob Tolleryd）◎著

注册估值分析师协会◎译

机械工业出版社

CHINA MACHINE PRESS

《公司估值》重点介绍了公司在进行价值评估时存在的普遍问题以及最常用的价值评估方法，为价值计量提供了简易指南。无论你是希望为公司发展筹集资金或公开上市、设立激励计划来保留或吸引员工，还是聘用或解雇一名经理，该书都能帮助你了解和运用公司价值评估方法。本书为投资者、财务人员、管理层和一般雇员了解公司价值评估技术提供了全面而实用的入门级指导。

北京市版权局著作权合同登记　图字：01-2016-8661号。

图书在版编目（CIP）数据

公司估值 /（美）大卫·弗里克曼（David Frykman），（美）雅各布·托勒瑞德（Jakob Tolleryd）著；注册估值分析师协会译 . —北京：机械工业出版社，2017.8（2024.5 重印）

书名原文：The Financial Times Guide to Corporate Valuation (2nd Edition) (Financial Times Guides)

ISBN 978-7-111-57649-5

Ⅰ.①公… Ⅱ.①大… ②雅… ③注… Ⅲ.①公司 – 资产评估
Ⅳ.① F276.6

中国版本图书馆 CIP 数据核字（2017）第 190528 号

机械工业出版社（北京市百万庄大街 22 号　邮政编码 100037）
策划编辑：李新妞　责任编辑：廖　岩
责任印制：常天培　责任校对：李　伟
北京铭成印刷有限公司印刷
2024 年 5 月第 1 版第 7 次印刷
180mm × 250mm · 13.5 印张 · 205 千字
标准书号：ISBN 978-7-111-57649-5
定价：59.00 元

电话服务　　　　　　　网络服务
客服电话：010-88361066　机　工　官　网：www.cmpbook.com
　　　　　010-88379833　机　工　官　博：weibo.com/cmp1952
　　　　　010-68326294　金　书　网：www.golden-book.com
封底无防伪标均为盗版　机工教育服务网：www.cmpedu.com

前　　言

第 2 版新增内容

在本书的第 1 版出版后，我们继续以企业家和投资者的身份与中小企业保持紧密联系。作为公司的 CEO、董事会成员和投资者，我们的日常工作就是要不断地为这些公司创造价值，同时也会参与到涉及企业估值的（如筹集资金、兼并、收购以及首次公开发行股票等）事项中，公司价值评估则是此类事项的核心环节。基于作者在实际工作中积累到的一些经验以及作者收到的第 1 版读者的反馈，我们对第 2 版中的全部章节都进行了或多或少的更新，特别是对第 8 章中所用到的案例及图表。在第 4 章中，我们对公司估值模型做了进一步的完善，涵盖了剩余收益的评估模型和所谓的风险评估模型。此外，应部分读者的要求，我们对第 5 章中涉及的关于乘数的问题进行了更详细的讨论，除了对现有市盈率（P/E 乘数）和每股市场价值/账面价值比率（P/BV 市净率乘数）内容进行了扩展讨论外，还增加了诸如市盈率相对盈利增长比率（PEG）这样的新内容。在第 6 章中，对于目标公司资本结构章节的内容，我们也做了一定的修订及补充。

阅读指南

本书是为不同的读者撰写的，所谓的不同读者是指其在公司价值评估方面具备的知识水平不同、所要花费的阅读时间不同和学习目的不同。尽管本书的主要目的是尽可能地简短，但我们相信并不是每个读者都有时间或者确实愿意阅读整本书。为此，本书的阅读指南将帮助读者决定所需阅读的部分。本阅读指南是根据读者不同的知识水平、可用的时间和职业来进行阅读指导的。

基于公司价值评估知识的储备程度

很少或者没有

我们建议您阅读整本书。几乎可以肯定地说，您手上拿到的这本书是您学习公司价值评估方面所需知识最简捷的途径——标准的教科书通常厚达 500 页或者更多，而且要求阅读者有一定的金融知识背景，同时也需要有大量的时间投入。此外，我们建议您按本书所设定的章节顺序阅读，这样您就可以轻松地进入公司价值评估的领域中。

中等水平

我们建议您重点阅读以下章节：第 4 章，该章快速而又全面地描述了当下流行的最重要的公司价值评估方法；第 5 章，该章更全面地涵盖了基于乘数进行估值的相关内容；第 6 章，该章详细阐述了麦肯锡的现金流量折现模型。此外，第 7 章也将为您提供影响公司价值评估最重要因素的相关分析。第 8 章中，我们在对虚构的样本公司进行价值评估的同时，也为您提供了一个实用性很强的范例。

高级水平

如果您已经在公司价值评估方面有了充足的知识储备，本书所包含的大部分知识您应该已经很熟悉了，那么本书对于您而言，主要是用来更新您对这方面知识的了解。我们的目的在于将公司估值用尽可能简单的方法来解释，因此您将不会在本书中看到复杂的理论性的数学证明。然而，本书除了可以帮您更新公司价值评估方面的知识外，我们相信第 5 章中对于比率的深层次讨论、第 7 章中关于财务和经营性关键价值驱动因素的讨论都会激起您的阅读兴趣。此外，第 9 章更可以丰富您在公司价值评估方面的实践知识。

可用时间

30 分钟

好的，如果您的时间很仓促，那么您必须阅读第 4 章中的以下部分：估值理论综述、现金流量折现模型（DCF Model）以及基于乘数的估值模型。

此外，为了了解如何将本书的内容应用于实际，第 8 章中的图表及方框中的内容也不应忽视。

1 小时

除了上面阅读 30 分钟的那三个部分，如果想知道一些关于乘数的知识，您需要阅读第 5 章；如果您对于弄清楚为什么公司价值等于未来所有现金流的现值，以及如何进行现金流量折现分析更感兴趣，您需要完整阅读第 6 章。最后，在时间允许的范围内考虑花一点时间阅读第 8 章中的图表及方框中的内容。

2 小时

除了上面阅读 30 分钟读者的那三个部分，另外，第 5 章、第 6 章和第 7 章也是要阅读的，特别是第 6 章对于公司业务和关键价值驱动因素进行了详细的讲解。最后，为了能够将理论和实践相结合，还要学习第 8 章的内容。

此外，如果您正在经营一家公司，特别是如果您同时也是公司管理团队成员之一，我们推荐您继续阅读第 9 章。

8 小时

通读全书，8 小时就已经足够了！

职业

财务专业人士

如果您想要更新自己的知识和技能，我们建议您通读全书。如果您想要梳理最常用的估值模型，那么您需要阅读第 5 章、第 6 章和第 7 章。特别强调的是第 6 章中的"检查模型假设"部分，这部分为您检查估值是否合理提供了一个非常实用的工具箱。最后，为了理解如何将您接触到的理论概念转变成为公司经营的具体战略（或者，作为公司财务人士的您，将如何更好地胜任 CEO 的工作），您需要阅读第 9 章的内容。

私人投资者

作为一名私人投资者，您也许用于研究估值的时间非常有限，那么要对公司价值在最短时间内做近似合理的评估方法就是乘数价值评估，因此，您需要阅读第 5 章的内容。至少还要翻阅第 6 章，同时为了理解如何应用第 6 章中的知识，还需要学习第 8 章的内容。

管理人员

第 1 章到第 3 章可以使您更好地了解估值及其重要性。通过对第 4 章中推荐给 30 分钟读者的那几部分的阅读，您将会掌握一些重要估值方法的基础。为了理解如何确定目标公司中可以为公司增值的变量以及本行业的价值驱动因素，您需要阅读第 7 章的内容。此外，对于管理者如何管理一家公司来达到价值创造的最大化而言，最有用的一章是第 9 章。

学生

无论您是一个正在学习公司金融或企业价值评估的 MBA 专业的学生，还是作为有经验的管理者参加高级行政管理人员课程（EMBA）时涉及估值知识，学生总是会寻找捷径。那么祝贺您，本书就是估值领域中的有效捷径，我们建议学生应当通读本书。本书将会用一种简单的方法解释企业估值的所有方面，并且给出清晰的整体知识框架。如果您的考试就在明天，根据考试的重点，我们推荐您将注意力集中在第 4 章、第 5 章和第 6 章的内容上。

公式

正如您所看到的，本书首次使用某公式时，会使用阴影来表示。当该公式用于计算中时，将不再使用阴影。这将有助于您区分原始公式和对公式的应用。

联系我们⊖

关于本书内容，如果您有任何疑问、建议或反馈，欢迎发电子邮件联系我们。我们的邮箱地址是 david@frykman.com 或 j@tolleryd.com。

⊖　如果读者想进一步学习有关估值的实践知识，可继续阅读本书后面所附的金多多系列图书，包括《市场法估值》《投资银行：估值、兼并与收购、杠杆收购》，或访问金多多教育网站 www.jinduoduo.net 获得更多资料。——译者注

致　谢

没有任何作品的成功仅仅归功于作者自身的努力，本书也不例外，特别是本书源自公司价值评估领域大量的理论及实践。首先感谢本书背后的许多作者及其伟大思想，他们的文章及出版物列示在本书最后的"延伸阅读"部分。这是本书的基础，同时也是本书最重要的资料来源。

非常感谢我们在"Financial Times Prentice Hall"的出版商克里斯·库德摩尔和玛蒂娜·奥沙利文，是他们的才能和智慧激励并指导我们历经艰难而完成本书的第 2 版。

最诚挚地感谢我们的顾问，《时髦的公司和伟大的管理》一书的作者谢尔 A. 诺德斯特龙先生，他启发我们采用了跨界的方式。通过这种方式，我们从很多领域汲取了理论和知识，包括那些并非直接或明显与公司估值相联系的领域。

此外，我们的长期合作伙伴玛丽亚·多利兹，Hachette Publishing 公司并购部门的负责人，鉴于其对本书所做的有价值的反馈和评论也应得到一个特殊的感谢。

最后，但并非不重要的是，感谢我们的妻子米尼亚和安妮丝给予我们的耐心和理解，也感谢我们的家人和朋友的宝贵支持。

对于本书中所出现的任何语言和逻辑上的错误，都由我们自己负责。

关于注册估值分析师（CVA®）认证考试

CVA 考试简介

注册估值分析师（Chartered Valuation Analyst，CVA）认证考试是由注册估值分析师协会（CVA Institution）组织考核并提供资质认证的一门考试，旨在提高投资、并购估值领域从业人员的实际分析与操作技能。本门考试对专业实务及实际估值建模等专业知识和岗位技能进行考核，主要涉及公司价值评估、并购及项目投资决策。考试分为实务基础知识和 Excel 案例建模两个科目，内容包括：会计与财务分析、公司金融、公司估值方法、并购分析、项目投资决策、信用分析、财务估值建模七个部分。考生可通过针对各科重点、难点内容的专题培训课程，掌握中外机构普遍使用的财务分析和公司估值方法，演练公司财务预测与估值建模、项目投资决策建模、上市公司估值建模、并购与股权投资估值建模等实际分析操作案例，快速掌握投资估值基础知识和高效规范的建模技巧。

■ **科目一实务基础知识**——是专业综合知识考试，主要考查投资、并购估值领域的理论与实践知识及岗位综合能力，考试范围包括会计与财务分析、公司金融、公司估值方法、并购分析、项目投资决策、信用分析这六部分内容。本科目由 120

道单项选择题组成，考试时长为三小时。

- **科目二 Excel 案例建模**——是财务估值建模与分析考试，要求考生根据实际案例中公司历史财务数据和假设条件，运用 Excel 搭建出标准、可靠、实用、高效的财务模型，完成公司未来财务报表预测、公司估值和相应的敏感性分析。本科目为 Excel 财务建模形式，考试时长为三小时。

职业发展方向

CVA 资格获得者具备公司并购、项目投资决策等投资岗位实务知识、技能和高效规范的建模技巧，能够掌握中外机构普遍使用的财务分析和公司估值方法，并可以熟练进行公司财务预测与估值建模、项目投资决策建模、上市公司估值建模、并购与股权投资估值建模等实际分析操作。

CVA 注册估值分析师的持证人可胜任企业集团投资发展部、并购基金、产业投资基金、私募股权投资、财务顾问、券商投行部门、银行信贷审批等金融投资相关机构的核心岗位工作。

证书优势

岗位实操分析能力优势——CVA 考试内容紧密联系实际案例，侧重于提高从业人员的实务技能并迅速应用到实际工作中，使 CVA 持证人达到高效、系统和专业的职业水平。

标准规范化的职业素质优势——CVA 资格认证旨在推动投融资估值行业的标准化与规范化，提高执业人员的从业水平。CVA 持证人在工作流程与方法中能够遵循标准化体系，提高效率与正确率。

国际同步知识体系优势——CVA 考试采用的教材均为 CVA 协会精选并引进出版的国外最实用的优秀教材。CVA 持证人将国际先进的知识体系与国内实践应用相结合，推行高效标准的建模方法。

配套专业实务型课程——CVA 协会联合国内一流金融教育机构开展注册估值分析

师的培训课程，邀请行业内资深专家进行现场或视频授课。课程内容侧重行业实务和技能实操，结合当前典型案例，选用 CVA 协会引进的国外优秀教材，帮助学员快速实现职业化、专业化和国际化，满足中国企业"走出去"进行海外并购的人才渴求。

企业内训

CVA 协会致力于协助企业系统培养国际型投资专业人才，掌握专业、实用、有效的专业知识。CVA 企业内训及考试内容紧密联系实际案例，侧重于提高从业人员的实务技能并迅速应用到实际工作中，使企业人才具备高效专业的职业素养和优秀系统的分析能力。

- ✓ 以客户为导向的人性化培训体验，独一无二的特别定制课程体系。
- ✓ 专业化投资及并购估值方法相关的优质教学内容，行业经验丰富的超强师资。
- ✓ 课程采用国外优秀教材与国内案例相结合，完善科学的培训测评与运作体系。

考试专业内容

会计与财务分析

财务报表分析，是通过收集、整理公司财务会计报告中的有关数据，并结合其他有关补充信息，对公司的财务状况、经营成果和现金流量情况进行综合比较和评价，为财务会计报告使用者提供管理决策和控制依据的一项管理工作。本部分主要考核如何通过对公司会计报表的定量分析来判断公司的偿债能力、营运能力、盈利能力及其他方面的状况，内容涵盖利润的质量分析、资产的质量分析和现金流量表分析等。会计与财务分析能力是估值与并购专业人员的重要基本执业技能之一。

公司金融

公司金融用于考察公司如何有效地利用各种融资渠道，获得最低成本的资金来源，形成最佳资本结构，还包括公司投资、利润分配、运营资金管理及财务分析等方面。本部分主要考查如何利用各种分析工具来管理公司的财务，例如使用现金流折现法（DCF）评估投资计划，同时考察有关资本成本、资本资产定价模型等基本知识。

公司估值方法

公司的资产及其获利能力决定了公司的内在价值，因此公司估值是投融资、并购交易的重要前提，也是非常专业而复杂的问题。本部分主要考核公司估值中最常用的估值方法及不同估值方法的综合应用，诸如 P/E、EV/EBITDA 等估值乘数的实际应用，以及可比公司、可比交易、现金流折现模型等估值方法的应用。

并购分析

并购与股权投资中的定量分析技术在交易结构设计、目标公司估值、风险收益评估中的应用已经愈加成为并购以及股权专业投资人员做必须掌握的核心技术，同时也是各类投资者解读并购交易及分析并购双方公司价值所必须掌握的分析技能。本部分主要考核公司并购的基本分析方法，独立完成公司并购分析，如合并报表假设模拟、可变价格分析、贡献率分析、相对 PE 分析、所有权分析、信用分析、增厚／稀释分析等常见并购分析方法。

项目投资决策

项目投资决策是公司所有决策中最为关键、最为重要的决策，就是公司对某一项目（包括有形、无形资产、技术、经营权等）投资前进行的分析、研究和方案选择。本部分主要考查项目投资决策的程序、影响因素和投资评价指标。投资评价指标主要包括内部收益率、净现值、投资回收期等。

信用分析

信用分析是对债务人的道德品格、资本实力、还款能力、担保及环境条件等进行系统分析，以确定是否给予贷款及相应的贷款条件。本部分主要考查常用信用分析的基本方法及常用的信用比率。

财务估值建模

本部分主要在 Excel 案例建模科目考试中进行考查。包括 Excel 常用函数及建模最佳惯例，使用现金流折现方法的 Excel 财务模型构建，要求考生根据公司历史财务数据，对公司未来财务数据进行预测，计算自由现金流、资本成本、公司价值及股权价值，掌握敏感性分析的使用方法；并需要考生掌握利润表、资产负债表、现金流量表、流动资金估算表、折旧计算表、贷款偿还表等有关科目及报表钩稽关系。

考试安排

CVA 考试每年于 4 月、11 月的第三个周日举行，具体考试时间安排及考前报名，请访问 CVA 协会官方网站 www.CVAinstitute.org。

CVA 协会简介

注册估值分析师协会（Chartered Valuation Analyst Institute）是全球性及非营利性的专业机构，总部设于香港，致力于建立全球金融投资估值的行业标准，负责在亚太地区主理 CVA 考试资格认证、企业人才内训、第三方估值服务、研究出版年度行业估值报告以及进行 CVA 协会事务运营和会员管理。

联系方式

官方网站：http://www.cvainstitute.org
电话：4006-777-630
电子邮箱：contactus@cvainstitute.org
新浪微博：注册估值分析师协会

协会官网二维码　　　微信平台二维码

目　录

第 1 章

导　论

在我们写作本书的时候，刚刚经历了自20世纪30年代以来最严重的一次经济危机。时至今日，我们依然没有搞清楚这场经济危机是怎么结束的，又或者说它真的结束了吗？伴随着资本市场动荡出现的新问题包括欧洲南部国家的债务危机以及美英两国庞大的赤字问题。虽然资本主义制度的全球声誉正值最高峰期，但其改革仍然遭遇了前所未有的巨大压力。尽管如此，资本主义制度本身仍然在发挥着作用，人们所担心的最糟糕的状况也并未出现，公司的日常经营在渐渐恢复，并挣扎着从求生存的泥沼中转向为社会继续创造价值和财富。

从当前已发生的各种状况来看，本书中所描述的估值原理依然适用。公司估值所使用的方法及其理论较从前也未发生任何改变。理查德·布兰森曾说过："想变成百万富翁非常容易，你只需要在航空航天领域投资一个亿。破坏社会价值总是非常简单。与之相反，作为所有企业活动的原动力和目标，创造价值在当今社会仍然非常具有挑战性。"创造价值从某种程度上来讲，是科学的、目标明确的，而剩余价值也正是在企业的无数个日常决策中创造出来的。由此可见，公司价值的评估只有一部分是依靠科学方法，其余的部分靠的还是经验和判断力，又或者说只是单纯的幸运。

> 公司价值的评估只有一部分是依靠科学方法，其余的部分靠的是经验和判断力，又或者说只是单纯的幸运。

当今社会的资本市场较从前而言具有更高的要求，与此同时，企业投资者的要求也变得越来越高，他们对股东回报及公司利益最大化的关注度也日益高涨。养老金和对冲基金公司、投行和富裕人士也都纷纷进入董事会，他们的使命已不单单局限于当回报率未达到预期时被动地通过出售股份来收回投资，而是力争对公司的战略决策进行干预，以期更好地保护股票的价值，从而实现收益最大化。对于公司而言，单纯地满足客户需要这一宗旨也已经远远不够了。不仅公司要在资本市场上证明实力，同时公司的管理团队也必须具备实现公司价值最大化的能力。

> 事实上，实现公司价值和股东财富最大化正日益成为当今管理者所面临工作的重中之重。

企业之间的活动也已经变得日益活跃起来，兼并、收购、资产剥离甚至公司接管已经变成公司高层管理者日常工作中的重要组成部分。简而言之，如果管理者不能积极有效地为实现公司价值最大化而努力，被替换的可能性将会大大增加。与此同时，企业也会很快变成被收购接管的对象。事实上，实现公司价值和股东财富最大化正日益成为当今管理者所面临工作的重中之重。

自 20 世纪 90 年代初，"关注创造股东价值"已经成为全世界商学院都信奉的一条真理，被逐渐传播开来。时至 20 多年后的今天，从圣地亚哥到首尔，从赫尔辛基到约翰内斯堡，投资者开始广泛使用公司估值的方法来指导投资决策，并以此来不断增加股东价值。这就是为什么了解并掌握公司估值方法对于每一个投资者而言都是势在必行的。如果你不清楚市场是如何对价值进行计量的，就无法有效地最大化公司价值。这一理论对于所有企业都适用，无论是大公司还是小公司、私企还是上市公司、新公司还是成熟公司。

公司价值评估具体包括哪些内容呢？让我们用类比的方法来进行阐述。将公司比做一棵果树（见图 1-1），树上现有的果实大部分是公司在过去创造出来的成果，这些果实代表了公司所创造出的利润。在一定时期内，我们可以通过果实来判断果树的健康状况。果实代表着公司的利润，直观地体现出了公司在过去阶段的努力成果。

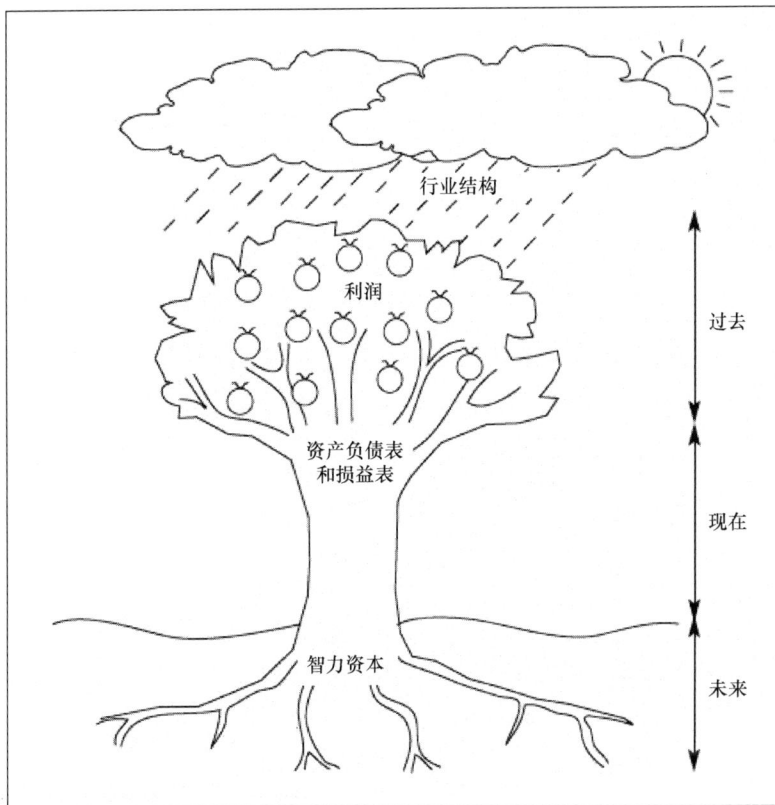

图 1-1　类比树

同样地，树枝和树干可以与公司的资产负债表和损益表进行类比，资产负债表和损益表可以反映公司过去和现在的经营状况是否良好。然而，这棵类比树不能全面地体现出公司的整体状况，因为无法反映果树在未来的产量。对于公司估值而言，其所评估的是公司

> **当进行公司价值评估时，我们评估的是公司未来的收益能力和现金流，而不是过去的成果。**

未来的收益以及公司产生正现金流量的能力。

对于公司及其价值的分析不能单纯地局限于分析当前和过去的资产负债表和损益表，因为这些数据仅仅代表公司的过去和现在。为了能够对公司未来的财务状况有更深入的了解，我们必须对公司的根部系统进行深入分析，这包括分析公司的内部资源、智力资本状况及其经营的外部环境。换句话说，就是对公司所处行业结构的分析。

正如上面所提到的，当对公司的价值进行评估时，我们的关注点在于公司未来的财务业绩。至于公司过去的经营状况（例如：去年的财务数据），其作用只是辅助我们对未来状况进行前瞻性的预测，这一理论将会在全书中有所体现。

综上所述，公司价值评估的目的是基于分析者本人的知识对公司的未来收益及公司未来产生现金流量的能力进行评估，并由此来决定投资者为购买或部分购买该公司所应支付的价格。

为什么说理解公司估值及其价值创造过程如此重要？首先，没有其他任何方法能够如此全面地体现出公司的现状同时还可以预测公司未来的经营状况。其次，只有了解公司价值评估的方法，才能知道如何实现价值最大化。再次，公司价值的变化是用来衡量当前管理团队工作表现的一个最好并且长期有效的方法。最后，当一家公司有很多股东时，其所有者通常都会至少有一个共同目标，那就是股东权益最大化。股东团队中的每一个成员对于公司价值是如何计量的以及如何使其权益最大化的问题需要达成共识，这一点至关重要。

> **本书是公司价值评估理论及应用以及如何实现公司价值最大化的指引。**

本书是为那些愿意理解公司价值评估的基本知识，并想要知道如何最大化公司价值的读者而写的。本书为所有与估值相关的人员，包括专业金融人士、公司高层管理者、公司所有者以及商学院的学生提供了公司价值评估所需要的基础知识，旨在为读者就公司估

值这个课题提供一些实用性的相关介绍，同时向投资者、公司管理人员、员工和董事会成员提供有关评估所需要的知识框架。鉴于本书的作者是实践派而不是单纯的理论派，我们的目标只锁定那些想要对公司价值评估的基本原理应用有所了解的读者，而不是那些单纯地只想获取理论知识的人们。

此外，为了让读者能领会到公司价值评估的精华，作者对于当下最流行的两种评估框架——基于乘数的价值评估模型和现金流量折现评估模型（DCF）做了详尽的介绍，这些内容会通过以下八章来一一进行阐述。

- 第 2 章，我们将以一个虚拟的公司——Mobitronics 为例，来阐述如何针对不同情境选择最合适的评估方法。Mobitronics 公司案例的使用将贯穿全书。

- 第 3 章，以案例的方式阐述在一些特定情况下公司价值评估的必要性，以及在给定情况下如何对特定的估值方法进行选择。

- 第 4 章，公司估值模型以及估值技巧的概述。

- 第 5 章，通过对最常见价值评估乘数及其公式的解释来深入讲解基于乘数的价值评估方法。

- 第 6 章，深入阐述麦肯锡现金流量折现评估模型以及不同模型间的公式勾稽关系，并以此来对估值结果进行核查和分析比较。

- 第 7 章，讨论公司价值创造、财务与经营价值驱动因素，以及结构化的分析方法。这一方法可用于研究公司的深层商业模式及其所处的经营环境。理解价值分析模型背后隐含的假设以及如何使假设尽可能地接近真实状况也至关重要。

- 第 8 章，一个完整的价值评估分析案例。运用第 5 章、第 6 章和第 7 章中的知识框架，循序渐进地对 Mobitronic 公司的最终价值进行深层次的分析。

- 第 9 章，阐述以创造股东价值为关注点的管理框架模式——价值管理（VBM）。

在进行更深层次的阐述之前，我们需要强调的是公司价值评估并不是一门精准的科学。无论是谁要对公司价值进行评估，评估中都会暗含着评估者主观的想法和认识。因此，谨记以下观点是十分重要的。

- 所有的公司价值评估都是主观的，并非客观的数学计算。任何评估模型都依赖于输入的假设数据，而这些数据完全是基于评估者对公司本身、公司所属的行业及整个社会环境的看法而决定的。

- 不同的利益代表对于公司价值评估的关注点也有所不同。在每一个评估模型下，通常都会有至少两个持完全相反意见的利益方存在（例如：买方和卖方）。

- 公司的估值结果往往也是争论的核心。基于不同的假设输入数据，读者可以使用本书中提到的任意一种估值模型来得到想要的结果。因此，作为评估者，我们必须对所使用的数据和假设有足够的信心。

下一章，我们将会对一个虚拟的范例公司——Mobitronics 公司做简单的介绍。并且，我们在全书中都会以此公司作为案例公司。

第 2 章

案例公司介绍

在全书中，我们会尽可能使用实际案例来简单而又实用地讲解各种评估模型。我们以 Mobitronics 公司作为案例公司，Mobitronics 公司是一家移动通信设备运营商，总部位于比荷卢地区。本章中，我们将首先对这家公司的基本状况进行详细介绍（见表 2-1）。

表 2-1　Mobitronics 公司基本状况介绍

成立日期	1992 年
2009 年销售收入	46.4 亿欧元
息税折旧摊销前利润率	44.3%
2009 年销售收入增长率	11%
市场份额	22%
客户数量	9 130 000
员工数量	4 550

Mobitronics 公司始建于 1992 年，公司建立初期的发展目标是希望能够在迅猛发展的移动通信行业市场中占据一席之地。时至 2009 年，公司通过近 20 年的努力，年营业额已达到 46.4 亿欧元，占据比荷卢全部市场份额的 22%。在过去的几年中，公司的市场发展态势良好。Mobitronics 公司拥有非常良好的客户群体，其大多数客户都是企业客户。公司于 2005 年上市，在职员工共计 4 550 名。投资银行的分析师通常会对 Mobtronics 公司给予很高的评价，公司息税折旧摊销前利润（EBITDA）率为 44.3%。公司拥有持续快速增长、低财务风险、发展稳定、公司股东财力雄厚等诸多优点。

Mobitronics 公司主要提供三种产品及服务，即移动电话服务、预付电话卡和宽频电话服务。公司采用差异化服务的策略，为每一位客户提供更加全面的服务套餐包，希望以此来提高每一位客户的消费总额。事实也证明，公司这样的营销策略是非常正确的。数据显示，Mobitronics 公司单一用户平均收入（Average Revenue Per User, ARPU）远远高于其他竞争者。

公司 2009 年单用户每月收入大约为 42 欧元。与其竞争者相比，Mobitronics 公司很大一部分客户来自企业用户。企业用户的比例约为 65%，零售用户的比例约为 35%。企业客户具有两个优点，即较高的忠诚度和较低的拖欠费用风险，这两个优点可以确保 Mobitronics 公司具有稳定的收入。伴随着差异化策略的实施，Mobitronics 公司始终与整个行业市场的增长保持一致，并成功占据着一定数量的市场份额。

经过数年的积累，Mobitronics 公司的规模化经营在 2009 年就已经初见成效。当时公司各项成本占销售收入的比例如下：人工薪酬占 15%，交通费用占 12%，分销商佣金占 7%，折旧费用占 5%。

> **Mobitronics 实现了和市场同步增长并成功地维持了其市场占有率。**

现阶段 Mobitronics 公司的经营范围只限于比荷卢地区。历史数据显示，比荷卢地区该行业历史年平均增长率为 15%~20%，但是在最近几年，其市场年均增长率仅为 10%。Mobitronics 公司没有在比荷卢地区以外开展过任何业务，公司目前也没有任何进军国际市场的计划。

Mobitronics 公司有两个主要的竞争者。它们都奉行低成本策略，只提供单一的基础服务套餐，所占市场份额分别为 29% 和 49%。然而伴随着新技术的发展与应用，Mobitronics 公司所面临的竞争也日益加剧。一些掌握了第四代移动通信技术的公司也想要进入移动通信市场。竞争加剧会对价格带来潜在的压力。比荷卢地区该行业当前市场总价值年均约为 210 亿欧元。分析师预测，在 2009 年未来的 5 年，Mobitronics 公司会与整个市场保持同步增长的速度，也就是说其增长率为 10%~11%。需要值得注意的是，移动通信技术的迅速进步和发展使得我们对公司价值预测的难度有所增加。

下一章，我们将继续以 Mobitronics 公司为例，介绍几种不同的公司价值评估方法。

第 3 章

何时需要对公司价值进行评估

本章要点

- 为公司发展筹集资本
- 制订激励计划来留住和吸引员工
- 实施兼并、收购或剥离
- 公司首次公开发行股票（IPO）
- 小结

> **公司估值往往因应用场景不同、评估利益主体不同而产生不同的估值目标。**

无论你是一家公司的潜在投资者、董事会成员还是公司的管理者，了解公司的市场价值总会受益良多，而且公司估值在某些情况下是必不可少的环节。通常，公司会遇到一些需要其对自身价值进行评估的状况。需要注意的是，参与进行评估的相关人员代表不同的利益主体，因此其估值的目的也会不尽相同。理解并能够辨识这些情况是非常重要的。接下来，我们会对这些特殊的情况进行一一阐述。为什么需要对公司价值进行评估？哪些相关人员会参与到整个评估过程中？这些代表不同利益主体的相关人员又会有怎样的估值目的？

我们继续以 Mobitronics 公司为例，从公司 1994 年首次融资到公开发行股票（IPO）进行讲解。

本章中，我们将分别介绍对公司进行估值的以下四种情景：

- 为公司发展筹集资本。
- 制订激励计划来留住和吸引员工。
- 实施兼并、收购或剥离。
- 公司首次公开发行股票。

为公司发展募集资本

1994 年年初，在 Mobitronics 公司刚刚成立两年的时候，公司的创始人就已经意识到，原始的启动资金已经不能满足公司快速发展的需要，公司新产品研发、市场开拓以及招募有志之士都需要大量的资金作为基础。通常来讲，资金不足是影响公司快速增长的主要因素。因此，公司创始人决定尝试通过外部融资的方式来推动公司的快速成长。

通过分析，公司管理层预期在现金流量达到盈亏平衡前，公司还需要投入的资本为 200 万欧元。在一位咨询公司朋友的帮助下，公司拟定了一份商业计划书（Business Plan），并将这份计划书递交给了分别来自伦敦和阿姆斯特丹的一些风险投资人（Venture Capitalists）和个人投资者（Private Investors），后者通常被称为天使投资人（Business Angels）。Mobitronics 公司与有意向的三个投资方进入到最后的谈判阶段。这其中有两个投资方是专门对早期创业公司进行投资的风险投资人，另一个是用个人资产投资早期创业公司的天使投资人。尽管风险投资人中的一位同意以非常优厚的条件提供 200 万欧元的投资，Mobitronics 公司的创始人最终还是选择了同另一位风险投资人和天使投资人进行合作。主要原因在于上述两位具有比较丰富的行业资源，可以为 Mobitronics 公司搭建客户关系网。此外，公司创始人还与这两个投资方的谈判代表建立了非常融洽的个人关系，这些都为以后的合作铺平了道路。

实践中，Mobitronics 公司此次筹资是通过发行新股的方式来实施的。鉴于此次募集资金是要在公司内部使用，由此衍生出了股权方面的问题。很明显需要考虑的问题是，如果外部投资人提供 200 万欧元的投资，其占公司的股权比例是多少？就当时而言，在新资本注入前，整个公司的估值为 400 万欧元。换句话说，Mobitronics 公司融资后的估值（Post-money Valuation）为 600 万欧元，公司融资前估值（Pre-money Valuation）为 400 万欧元，如表 3-1 所示（单位为百万欧元）。

表 3-1　Mobitronics 公司融资前后的估值　　　（单位：百万欧元）

Mobitronics 公司融资前估值	4
＋投资额	2
＝Mobitronics 公司融资后估值	6

新投资者融资后应在公司总股本（Capital Stock）中享有的份额，可以用投资金额 200 万欧元除以融资后公司估值 600 万欧元来计算得出。即：

投资者融资后所占公司总股本的份额

＝投资总额 / 融资后的公司估值

$$\frac{€\,200\,万}{€\,600\,万} = 0.33 = 33\%$$

因此，当 Mobitronics 公司融资后的总估值达到 600 万欧元时，投资者投资 200 万欧元可以拥有的股本份额为公司总股本的 33%。

如果公司融资前的估值仅为 200 万欧元，那么融资 200 万欧元后，上面的计算过程将变为：

$$\frac{€\,200\,万}{€\,400\,万} = 0.5 = 50\%$$

显而易见，当公司融资后估值分别为 400 万欧元和 600 万欧元时，在相同投资额的情况下，在公司总股本中所占有的股本份额分别为 50% 和 33%。相比较而言，如果融资后公司估值为 800 万欧元，情况则会变为：

$$\frac{€\,200\,万}{€\,800\,万} = 0.25 = 25\%$$

投资人在上述情况下，投资在公司总股本中所占的股票份额仅为 25%。我们将以上几种情况进行归纳，详情如表 3-2 所示。

表 3-2　多种情况下的融资情况　　　　　（单位：百万欧元）

融资前公司估值	注入资本总额	融资后公司估值	新投资人持有股份额
2	2	4	50%
4	2	6	33%
6	2	8	25%

无论对于公司当前的所有者还是对于公司未来的所有者来说，公司估值都是非常重要的。鉴于公司创始人及投资人会在交易完成后进行长时间的合作，因此融资活动通常都会在非常融洽的氛围中进行。不容忽视的一点是，公司估值越高，对公司现有股东就越有利。反之，公司估值越低，对公司新股东就越有利。

在筹资活动开展初期，参与公司估值的主体通常来自两方，即公司创始人（包括早期的公司所有者）和投资人（风险投资人和天使投资人）。

> 通常，早期公司估值在很大程度上取决于谈判技巧。

寻求融资的通常都是那些负利润或者没有正值现金流量的公司，并且对于公司何时能够扭亏为盈或者说达到期望的现金流量也是非常不确定的。

图 3-1 描述了当公司处于发展的不同阶段时，价值评估关注侧重点的演变过程。

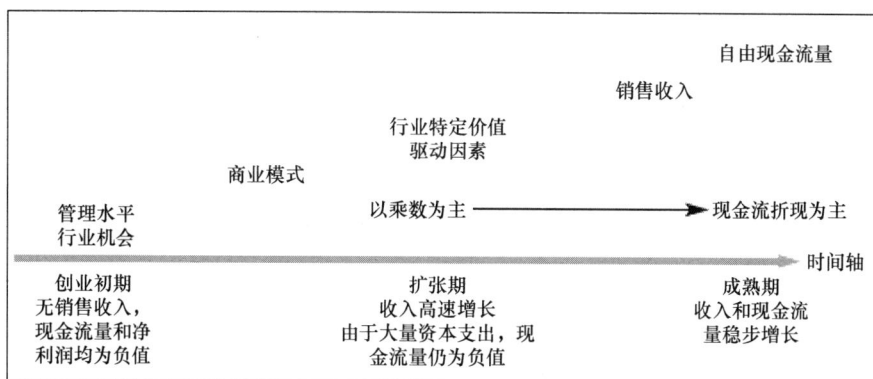

图 3-1　公司价值评估关注侧重点的演变过程

当公司处于不同的发展阶段时，其关注的侧重点存在很大差异。公司创业阶段会以商业模式和管理团队水平为主要关注点；公司快速增长及扩张时期的关注重点将会侧重于行业价值驱动因素和销售收入水平；当公司处于成熟期时，其关注重点则会倾向于公司现金流量的状况。

在本书后面的章节中，我们会综合介绍一些估值模型以及如何互相参考验证，为管理层提供尽可能多的决策依据。对于处于创业期的公司来说，公司价值往往取决于管理团队的信誉及历史业绩、市场机遇，以及更为重要的一点——参与主体的谈判技巧。如果公司筹资金额不大、交易过程不复杂，涉及的相关方完全可以自己通过谈判确定公司价值，而不需要外部顾问（如投资银行）的介入。

筹集风险资金时，需要考虑的因素包括以下三方面。

- 公司预计对外出让多少股份？如果现有创始人想要保持对公司的控制权，那么就必须拥有公司 50% 以上的具有投票权的股份，并且任何其他文件包括股东协议或优先股条款也不能对其影响力有任何的限制。

- 有约束力的商业计划书（The Mandatory Business Plan）是募集资金过程中的最重要的文件，所有的潜在投资者在投资前都需要对计划书中的内容进行详尽检查。公司现有股东与潜在风险投资人会根据计划书中的内容来制定最终的协议书，因此在计划书中高估销售量并以此来增加公司的短期价值的做法是不明智的，创始人也会为此付出代价。投资者对于这种偏差通常是很难接受的，而且将投资与计划书中的经营状况相关联并由此而调整公司估值的做法也是很常见的。

- 公司需要什么样的商业技巧及商业网络关系？新的投资者还可以为公司发展带来什么？这些是否恰好满足公司的需求？打个比方说，如果公司计划对外开拓新的市场，那么需要在哪里开拓市场？如果是向公司本土外的市场扩张，吸引国际风险投资将会是一个明智的选择。因为投资方除了提供资金外，还可以为公司提供目标市场的相关信息，并为公司在目标市场搭建其发展所需要的商业网络。

智力资本：增加关键技术和战略优势。
财务资本：仅提供现金。

资本可以分为很多不同的类型，例如智力资本和财务资本。其最主要的区别在于智力资本可以为公司发展提供可操作性的专业知识、技能和战略优势，而财务资本在这一方面则没有太多的帮助。风险投资人、产业资本家和天使投资人的投资类型通常属于智力资本投资，而一些机构投资人则属于财务资本投资。

制订激励计划来留住和吸引优秀员工

在 Mobitronics 公司成立大约四年后，公司员工总数达到了 150 人。当时公司面临的一个最常见的问题就是如何留住那些优秀的员工，并吸引到更多优秀的人才。应对这一问题的一个行之有效的办法就是大幅度提高薪酬。然而随着公司的发展，员工薪酬在公司固定成本中所占的比重日益增大。因此，在不进一步增加固定成本或是影响公司经营流动性的前提下实施的激励员工措施才是公司的首选。

Mobitronics 公司的管理层决定为员工制定一个类似于股权激励的方案。这一激励计划的优点在于：其一，对公司现金流量的影响不大。其二，促使股东和员工共同追求一个目标——企业价值的最大化。股权激励计划的缺点包括：第一，计划的制订和实施是一个非常烦琐的过程，公司往往需要花费很多的时间、支付很高的律师费用来确保计划的顺利进行。第二，激励效果会受很多外界因素的干扰，例如利率、市场整体状况等因素，而这些因素并非员工本人的努力所能改变或影响的。第三，只有允许员工卖掉或者以其他方式将股票兑换为现金，员工才能意识到他们在激励计划中潜在的收益。反之，员工所持有股票将长期锁定而不能产生收益。总体来说，股票激励方案是上市公司或即将公开上市公司最常用、最合理的一种激励计划。

制定激励方案的方法有很多种，最常用的一种还是股权激励方案，具体实施方法包括以下几种。

- 直接向全部或部分员工发售新股。

- 向员工发售可转换债券（convertible bond）。员工以购买公司可转换债券的方式向公司提供个人贷款，并从中收取固定利息。员工有权（并非义务）在约定日期或期限内按约定的价格将手中持有的可转换债券转换成为一定数量的公司普通股股票。如果员工不愿将债券转换成股票，公司有义务偿还员工的本金和利息（从理论上说，可转换债券是固定利率债券与股票买入期权相结合的一种金融工具）。

- 发售股票期权（stock option），有时又被称为认股权证（warrants）。员工有权（并非义务）在未来约定的行权日期（exercise date）或是约定的一段行权时间（exercise period）内按约定价格购买公司一定数量的普通股票。为了获得认股权，员工需要支付一定数额的期权价值。期权价值可以使用布莱克—斯科尔斯期权定价模型计算。

- 在有些国家，员工期权计划也是被允许的。员工期权允许公司自己来决定员工购买期权所需要支付的期权价值是多少。这种情况下，公司通常会将期权价值定为0，所以期权实质上是公司赠予员工的。相应地，期权与员工同公司的雇佣关系是联系在一起的。如果公司同员工解除雇佣关系，期权也会同时被收回。

公司期权和可转债计划都需要对公司普通股进行估值。

Mobitronics 公司的管理层决定不采用向员工发售新股的方案，因为采用这一方法将会使公司股东的数量进一步增加，这样将会大大增加公司就重大事项做出决策时的复杂性和官僚主义。同时，公司也不会考虑员工股权计划，因为这个计划会对公司和员工带来一些税收方面的不利影响。因此，公司只能在发行可转换债券和股票期权二者中选其一。我们不会在本书中就这两种激励方案的优缺点做更深入的探讨。需要注意的是，这两种激励方案都需要以评估公司普通股价值作为前提。在发行可转换债券时，公司同时需要考虑可转换债券在未来转换成股票时的转换价格（普通股每股价格等于公司的市场价值除以公司普通股的股数，因此需要对公司进行估值）。此外，在发行可转换债券时，公司当前的市值也可以作为计算未来转换价格的依据。发行员工期权时，需要用布莱克—斯科尔斯期权定价模型来计算期权价值。该模型需要用到的一个参数就是公司股票的当前价格（同样需要用公司市值除以公司普通股股数计算得出），所以我们也需要对公司进行估值。

作为激励员工的方案，如果公司管理层希望以对现有股东有利的较高价格在员工中实施类似股权激励的方案，似乎在这种状况下对公司进行估值是不必要的。但是，如果公司现有的股东同意压低公司的评估值，以此来确保员工激励方案对员工具有吸引力，那么估值在此刻就显得比较有意义了。然而在一些国家，由于税收的原因，公司估值需要基于其市场价值。反之，税务部门则可以将此股票激励方案的所得视为员工工资同等对待。这就意味着员工有义务为从该激励计划中获得的收入缴纳个人所得税，而公司也需要为这一方案支付社会保障费用。税务部门通常还规定，确定的股票价值、可转换债券和期权价格必须接近其市场价值。

在税务机关可能介入的情况下，出于稳妥的考虑，为了增强评估结果的客观性，公司最常见的做法是聘请独立的第三方（通常会是会计事务所或是投资银行）来对公司的市场价值进行评估。

图3-2可大致推理出伴随着公司的发展壮大，其市值和现金流量的发展过程。

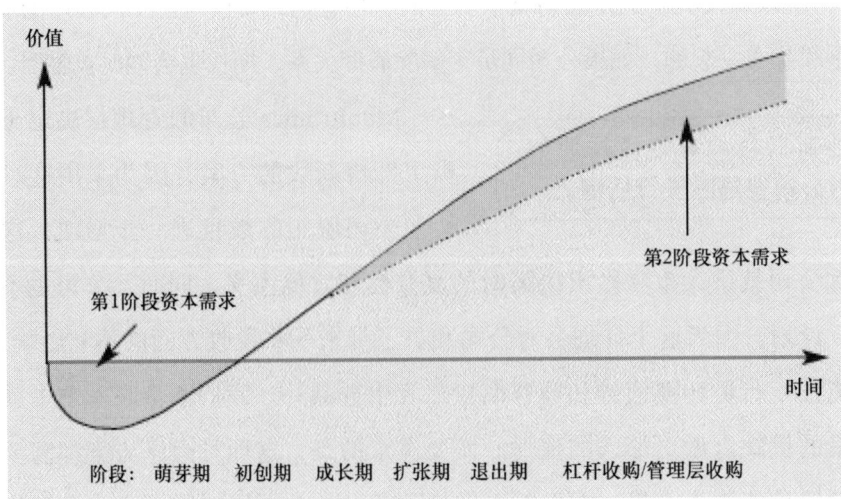

图 3-2 公司的"预期"演变

实施兼并、收购或剥离

在 Mobitronics 公司成立十周年之际，PayMobile 公司派代表与 Mobitronics 公司接洽，表示有意将 PayMobile 公司出售给 Mobitronics 公司。PayMobile 公司是一家基于互联网向客户提供移动信息服务的运营商，公司规模不大但市场定位很独特，而且具有很强的竞争力。在对 PayMobile 公司进行了一番很详细的并购可行性（acquisition opportunity）分析后，Mobitronics 公司的管理层一致认为，两家公司在宏观战略决策方面有很高的契合度，收购 PayMobile 公司能够增强本公司自主研发和提供服务的能力。然而由于 Mobitronics 公司资金储备不足，只有 PayMobile 公司同意采取以股换股的收购方式，此次收购才能顺利完成。

这种以股换股的并购交易需要对收购方和被收购方的市场价值进行评估。双方为了能够实现价值的相对最大化，都希望尽可能地提高本公司的估值，同时最大限度地压低对方公司的估值。双方通常都会混合使用各种估值模型来评估公司的市场价值，这些相关的估值结果将会为最终成交价格的谈判提供重要的参考数据。具有代表性的做法是：使用现金流量折现的估值方法来评估两个公司独立状态下的经营状况和未来潜在的收益状况。此外，财务比率和营运比率在并购讨论及谈判中可以对两个公司进行非常有效的横向比对。

> 私募股权投资人通常比战略投资人使用更高的财务杠杆，因此也可以支付较高的收购价格。

兼并收购估值的隐含意义在于两个公司合并后的价值要大于独立的个体价值之和。在实施并购的过程中，战略投资人通常愿意支付的价格要大于财务投资人（事实上应该总是会超过）。其原因主要是，战略投资人支付的不仅仅是被收购方的公司资产价值，还包括由并购而衍生出的协同效应，以及其他相关的经营和战略价值。这也是财务投资人和资本市场不能实现的价值。战略投资人通常可以比资本市场支付更高的价格，因此并购价格不会是公司唯一重要的考虑因素。对于公司股东而言，公司由于并购而丧失公司经营的独立性或由此而引发的管理方面的问题需要管理者的深思熟虑。然而依据作者在本行业多年的从业经验来看，财务投资人多是指私募股权公司，对于并购目标公司可以承担贷款的金额通常更为激进。换句话说，私募股权公司相比战略投资人而言，通常使用更高的财务杠杆来完成收购，因而同样有能力支付更高的价格（我们将会在第 6 章中进一步讨论为什么高杠杆可以对应较高的估值）。

战略收购中的公司估值方法与我们在本章之前讨论过的估值方法略有不同。因为战略收购估值时需要同时考虑由并购而带来的协同效应、规模效应和战略资产等，这些因素都会为目标公司增值（见图 3-3）。

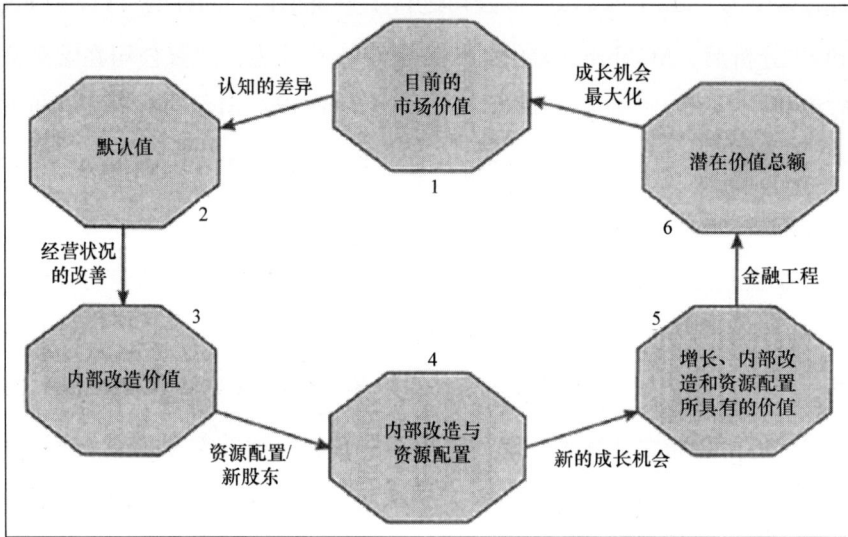

图 3-3　战略收购者评估目标公司市场价值的步骤

资料来源：*Valuation* 3rd Edition，McKinsey & Co.

在 Mobitronics 公司评估收购 PayMobile 公司时，其估值过程如图 3-4 所示。

- 运用现金流量折现估值法和基于乘数的估值法计算得出 PayMobile 公司的市场总价值为 100 万欧元。
- 考虑潜在的由内部经营和战略协同效应所带来的价值，PayMobile 公司的市场总价值为 120 万欧元。
- 考虑潜在的由内部经营和战略协同效应所带来的价值，加上外部的经营及战略机遇（如剥离、收购等）所带来的价值，PayMobile 公司的估值为 130 万欧元。
- 最佳估值状况还可以加入由并购带来的财务方面的重组，如资本结构重建或改变公司融资结构等。如果考虑这些因素，PayMobile 公司此时的估值为 135 万欧元。

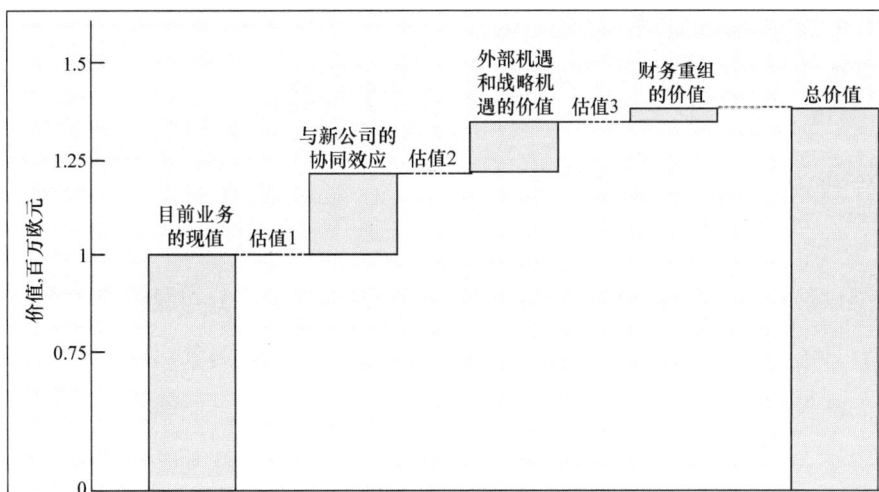

图 3-4　PayMobile 公司价值的增加

不难看出，PayMobile 公司的财务价值接近 100 万欧元。作为战略投资人，Mobitronics 公司很乐意在 100 万欧元的基础上支付一定数量的溢价（Premium）。通常，溢价的多少会通过谈判来达成一致。如果协同效应需要付出较少的努力就可以实现，同时所承担的风险较低，收购方就会愿意支付相对高的溢价来促成收购。但毕竟协同效应是在交易完成后由收购方负责实现同时收购方也承担着相应的风险，因此由协同效应而产生价值不会全部或者说理论上也不应该全部支付给目标方。另外一点需要注意的是，协同效应通常只是针对战略投资人而言的，财务投资人不具备产生协同效应的能力。

PayMobile 公司的谈判代表起初的要价远远高于 Mobitronics 公司愿意支付的价格，这一点并不奇怪。几轮谈判过后，双方就收购价格达成一致，PayMobile 公司以其全部股份兑换 Mobitronics 公司的股份。在收购完成后，PayMobile 公司将以全部股份换取 Mobitronics 公司发行在外所有普通股股份的 1/12，即 8.3%。

> 规模较小的公司通常自己进行估值。

在并购交易过程中，是否需要聘请顾问协助主要取决于并购交易的规模，比方说并购双方公司的规模。规模较小的公司通常会自己完成对公司的估值，规模稍大的公司会聘请会计师事务所或是个人咨询顾问来协助评估。只有一些规模较大的公司会聘请投资银行协助并购的整个实施过程。收购方在整

21

个并购过程中的态度应该更为积极些，要充分考虑所有可能的协同效应和由并购带来的战略价值，以便合理地进行定价以完成并购。

公司首次公开发行股票（IPO）

在继续经营了五年后，Mobitronics 公司的管理层决定将公司股票公开发行提上议事日程。具体原因包括：筹集公司日后发展所需要的资金；为公司进入资本市场搭建平台，以确保公司在日后扩大投资规模需要新的资本注入时，能够更快速地在资本市场筹集资金；吸引媒体的关注，提高企业及品牌知名度，以此来吸引更多的潜在消费者和优秀的人才；股票公开发行后，公司股票就有了交易价格，以便日后进一步的收购和实施员工股票期权激励计划。

股票上市的准备过程需要管理者投入大量时间和精力。上市的整个过程及后续环节如图 3-5 所示。

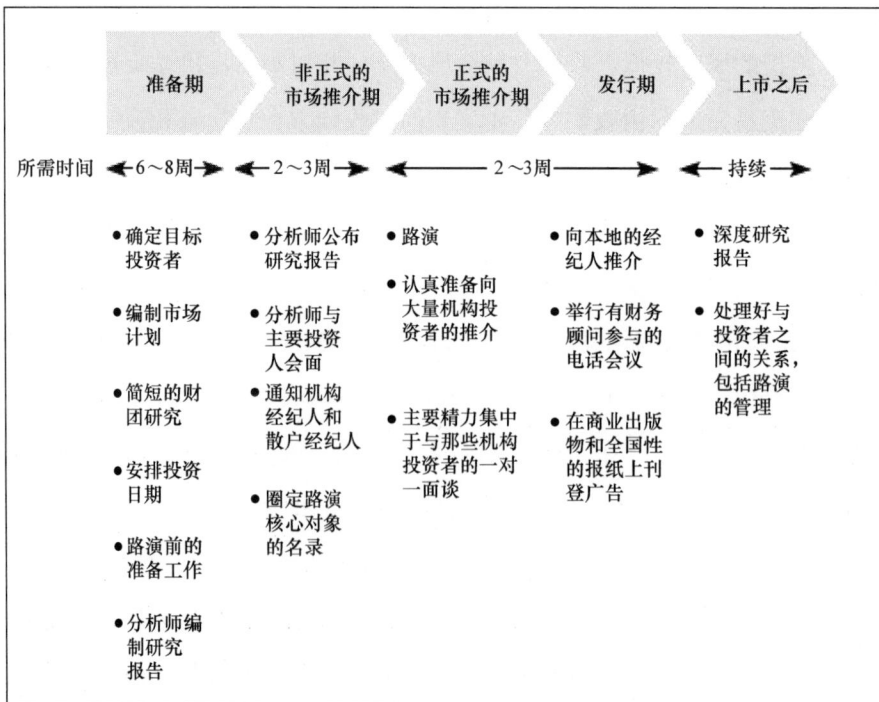

图 3-5　股票首次公开发行的法定程序

资料来源：Swedbank.

首次公开发行股票的准备工作之一就是确定发行价格。毫无疑问，公司股票的发行价格取决于公司整体的市值。由于公司股票面向的投资者，包括个人投资者和机构投资者，对公司整体情况并不十分了解。因此，对于想要上市的公司而言，聘请一家具有良好声誉的投资银行来为公司估值的公允性提供担保是至关重要的。只有这样，才能激起投资者对公司股票的兴趣，同时增强投资者的信心。

此外，投资银行对当前投资者情绪偏好的掌握，以及公开发行后公司股票在二级市场的交易价格会提供非常宝贵而又有价值的见解。公司 IPO 估值还需要考虑的另一个主要方面是公司发展前景对投资人的吸引力，将锚定公司股票在证券市场的定位。

公司 IPO 确定发行价格前，公司股东、董事会成员以及投资银行会就公司的市值问题进行数次谈判沟通。公司股东希望尽可能地提高公司估值，而投资银行由于同时需要承担将股票销售给个人及机构投资者的职责，因此会希望较低的公司估值。公司 IPO 时出售股票的惯例是在公允市价的基础上进行折价认购，所以股价在交易首日大幅上涨的情况是很常见的。公开发行折价力度的大小通常取决于市场状况、公司类型等，其范围通常会介于 15%~30% 之间。

Mobitronics 公司的股票发行价格最终确定为每股 5 欧元，总股本为 1 000 万股，这就意味公司股票发行后市值将达到 5 000 万欧元。Mobitronics 公司的董事会成员希望发行价格能够更高一些，但是投资银行强调公司 IPO 之后在二级市场上的良好表现（如股价上涨）更为重要。果然，IPO 之后，Mobitronics 公司股票在交易首日上涨到每股 6 欧元，此时公司的总市值已达到 6 000 万欧元。

小结

在很多情况下，公司都需要对其自身价值进行评估。评估的要求可能存在于公司发展的各个阶段，也许是公司创业的初始阶段，也许是公司发展的成熟期阶段。不是所有的公司都会经历相同的发展过程，但通常来讲，一家成熟的公司都会在其发展壮大的过程中遇到至少一次或者是反复遇到几次上述情况。在本章中，我们讨论了以下几种可能需要估值的场景：

- 为公司发展募集资本。

- 制订激励计划来留住和吸引员工。

- 实施兼并、收购或资产剥离。

- 公司首次公开发行股票。

公司估值时通常会有持相反意见的不同主体参与到估值过程当中，其中一方希望能够最大化公司的价值，而另一方则是希望最小化公司的价值。在大规模的并购交易中，被收购方（公司、公司创始人和股东）和收购方（投资人）通常会聘请来自投资银行（大型并购）、会计师事务所或者咨询公司（中小型并购）的顾问协助公司进行估值并保证整个并购过程的顺利完成。

在下一章中，我们将介绍几种最常用的公司估值方法。

第 4 章

公司价值评估概论

本章要点

- 估值理论综述
- 最重要的几种估值模型
- 估值模型的选择
- 小结

现有的公司估值模型和估值方法有很多种，有一些只在某几个特定的情形下可以使用，有一些会经常作为估值过程中必不可少的方法来使用，还有一些则主要与其他模型结合在一起使用。在本章中我们并未对现有的估值模型进行全面的介绍，只是概括性地介绍了几个我们认为重要的估值模型。在之后的几个章节中，我们将详细地介绍当下最常用的估值模型——麦肯锡现金流量折现模型和基于乘数的估值模型。

在开始正式介绍本章的内容之前，需要特别指出的是，使用不同的估值模型所得到的评估结果往往会有所不同。估值可能是一个范围，也可能是一个特定的数值。很多人都希望估值的结果是一个精确的数值，然而这种结果只有在极个别的情况下才会出现。当评估者选择不同的估值模型或是基于不同的假设进行估值，估值的结果往往会是一个没有学术性差异的数值范围。另外，在一个特定的时间点或是特定的环境下，公司价值就会是一个准确的数值。例如，2008年微软准备对雅虎进行要约收购，刚刚开始的阶段，微软对雅虎的估值仅仅是一个区间。在正式发出要约收购的当日，微软对雅虎公司股票的收购要约价格为每股31美元，对应雅虎股本价值为446亿美元（每股股价乘以所有已发行的股票数量）。

> **资产价值的大小取决于人们愿意为其支付的价格。**

此外，在我们为公司绞尽脑汁进行估值的同时，不要忘记这样一条金融法则——资产价值的大小取决于人们愿意为其支付的价格。如果你是卖家，这一法则在任何理论下都成立，并且不会以你个人的意愿为转移。很多因素，例如资产流动性或是买方融资渠道等，都会在很大程度上影响价格。你也许拥有一把白金做的雨伞，但是在沙漠中不会有人出高价购买。从这一角度出发，这把雨伞的价值对你而言要远远高于其他买家，于是你就不会愿意出售这把雨伞。但在同样的沙漠环境下，一瓶普通瓶装水对很多急需解渴的人来说可以卖出天价。

谢尔·诺德思特姆是一位非常著名的作家，也是本书作者的良师益友。他经常会说这样一句话："粗略的正确总比精确的错误要好。"这样一句谚语在估值领域同样适用。你也许费尽心血地选择了一个理论上大致正确的模型，使用时也注意到了每一个细节，但是却使用了一个完全错误的假设，由此而得出的估值结果一定是错误的。你所估算出的数据从理论上讲并没有错误，但是在实践中与事实相去甚远。将科学与艺术相融合，这就是估值的魅力所在。

> **最常见的两种估值方法是麦肯锡现金流量折现估值和乘数估值。**

首先，本书中所涉及的估值模型都是用来分析公司实际经营情况的，不涉及那些用于分析资本市场中公司股票价格波动情况的方法（通常称为技术分析）。其次，本书中所涉及的所有估值模型都是建立在公司会持续经营的假设前提之上。所谓的持续经营是指公司将一直存在并持续进行预期的经营活动，不会清算或是破产。在清算或是破产的情况下，则需要使用特定模型来分析，此类情形不在本书的讨论范围之内。最后，本章的内容不包括对金融工具的估值问题，例如期权期货估值或是保险的估值。我们建议，对这方面内容感兴趣的读者可以参阅本书最后延伸阅读部分中列出的专业参考文献。在对一些特定行业或是一些来自发展中国家的公司进行估值，需要考虑诸如政治风险或恶性通货膨胀等因素，类似的估值模型也不在本书的讨论范围之内。同样，感兴趣的读者可以参考延伸阅读材料。总而言之，本书中所涵盖的估值方法都是用来应对最常见的估值情形的。尽管不同估值模型所采用的方法会有所不同，但是核心的逻辑基础都是一样的。

估值理论综述

在正式介绍具体模型前，我们需要先说明以下几组重要概念之间的区别——股本价值与公司价值之间的区别，基本面分析估值与可比公司估值之间的区别，基于现金流量、利润或是经营变量等不同因素的估值模型之间的区别。

股本价值与公司价值

股本价值与公司价值之间存在着重大的区别。

- 股本价值（equity value）。公司的股本价值等于归属于公司股东所拥有的资产价值。由于公司的股本价值代表着公司所有股票的市场价值总和，因此股本价值有时也称为市场价值（market value）。我们还必须了解资产负债表中的股本账面价值和股本市场价值之间的区别。普通股的每股价值可以用公司的市值除以公司发行在外的普通股股票数量计算得出。如果是上市公司，在市场机制运行正常、能够公正反映公司股本价值的情况下，股本价值等同于公司的市场价值。

- 公司价值（enterprise value）。公司价值与股本价值不同，是指整个公司的价值，即归属于所有债权人、股东及所有利益相关者的价值总和。公司价值是公司股本价值、公司债务的市场价值⊖、养老金、少数股东权益和其他要求权的总和。股本价值和公司价值之间的关系如图4-1所示。

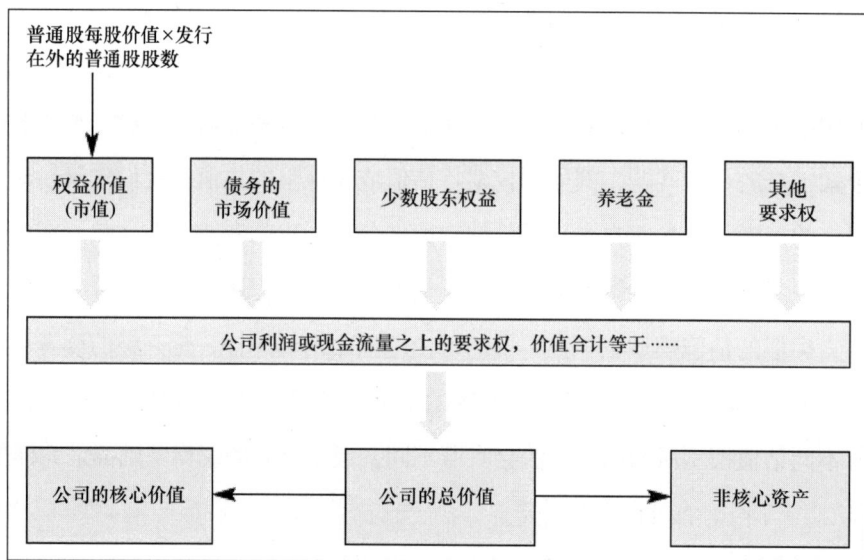

图4-1　股本价值与公司价值之间的关系

公司价值＝股本价值＋公司债务的市值＋少数股东权益＋养老金＋其他要求权

股本价值＝公司价值－公司债务的市值－少数股东权益－养老金－其他要求权

每股股价＝公司股本价值（上市公司市场价值）/总股数

⊖　公司价值也称为企业价值，本书统称为公司价值，公司价值＝股本价值＋净负债＋少数股东权益＋优先股权益，净负债＝负债－现金及等价物。本书作者并没有特别提到现金及等价物，只是个别地方提到了净负债，因此本书全书可将负债市场价值理解为净负债。——译者注

基本面分析估值与可比公司估值

估值方法基本上可以分为两种，即基本面分析估值法（fundamental valuations）和可比公司估值法（relative valuations）。基本面分析估值法，顾名思义就是基于公司的一些最基本的信息进行估值，其结果通常会是一个确切的数值。公司的基本信息包括与公司目前和未来发展趋势相关的经济信息，这种类型的估值方法通常也被称为独立估值法。可比公司（乘数）估值法则是根据与被评估公司相似的公司或是相关产业之间存在的联系（资金或是经营特征方面）来对目标公司进行估值。换句话说，可比公司估值法认为公司的价值是某个乘数与一个具体值（销售额或是利润）的乘积。

> **可比公司估值法认为公司的价值是某个乘数与一个具体值（销售额或是利润）的乘积。**

可比公司估值法暗含着一个与生俱来的缺点。如果我们所选的参照公司的乘数是不准确的，那么依据该乘数而估算的目标公司的价值也一定会存在误差。例如，对于网络公司在 20 世纪 90 年代末期的估值，使用那段特定时期的相关乘数来做参考是很难被认可的。

估值的基础——现金流量、利润或是经营变量

在评估公司价值或是股本价值以及使用基本面分析估值法或是可比公司估值法时，可以使用不同的估值基础。例如在基于现金流量折现的估值模型中，估值的基础既可以是针对股东的自由现金流量（被称为股息分红，dividends），也可以是针对所有股东和债权所有者的自由现金流量（free cash flow）。在基于剩余收益估值模型中，估值的基础是公司资本总额和资本收益率与资本成本之间的差额。在基于资产估值模型中，估值的基础是公司资产的总价值，通常来讲是指净资产的价值。在某些情况下，我们还可以使用一些诸如消费者数量或是生产能力经营方面的变量来作为估值的基础。

图 4-2 是对公司估值模型的简单概括。

估值基础			
	现金流量	收益或利润	资产
基本面 估值法	现金流量折现 投资现金流回报率 实物期权 股利折现	剩余收益 经济增加值	净资产价值 NAV
可比公司 估值法	公司价值/息税折旧摊销前利润 公司价值/息税前利润 公司价值/自由现金流	市盈率PE 市盈率相对盈利增长率	市值/账面 价值 (市净率)

（左侧纵向标注：估值方法）

图 4-2　公司估值模型概述

最重要的几种估值模型

接下来，我们将会详细地介绍几种重要的估值模型。其中的一些模型可以广泛地应用在不同的情况下，而另外一些只能在某些特定情况下使用。

基于现金流量的估值模型

现金流量折现模型

使用现金流量折现模型（DCF）时，公司价值等于公司未来所有自由现金流量按照适当的资本成本折现后的现值。资本成本通常使用的是加权平均资本成本（the weighted average cost of capital，WACC），即股本成本和债务成本的加权平均数。现金流量折现模型可以分成两部分，第一部分通常是明确的预测期，在此预测期内每年的自由现金流量和加权平均资本成本都可以进行清晰预测，再将各年的自由现金流量进行折现计算，其总和即为明确预测期内的公司价值。第二部分通常称作终值期，假定这一期间内的资本成本和自由现金流量增长率保持不变。从明确预测期后的第一年算起，所有自由现金流量都需要折算为现值进行计算。现金流量折现模型的计算公式如下所示。

现金流量折现模型：公司价值等于公司未来所有自由现金流量按照适当的资本成本率折现后的现值。

$$EV = \frac{FCF_1}{(1+WACC)} + \frac{FCF_2}{(1+WACC)^2} + \cdots + \frac{FCF_n}{(1+WACC)^n} + \frac{TV}{(1+WACC)^n}$$

$$TV = \frac{FCF_{n+1}}{(WACC - g)}$$

式中：EV 表示公司价值（enterprise value）；

　　　FCF 表示未来特定某年的自由现金流量（free cash flow）；

　　　WACC 表示加权平均资本成本（weighted average cost of capital）；

　　　TV 表示终值（terminal value）；

　　　g 表示 n 年后自由现金流量的增长率（growth rate）；

　　　n 表示明确的预测期的年数。

麦肯锡现金流量折现模型是目前最有用的估值模型，该模型自身有很多的优势，我们将会在第 6 章中进行更详细的介绍。

投资现金流回报率模型（Cash flow return on investment，CFROI）

除了 DCF 模型中使用的根据公司未来自由现金流量的现值来确定公司价值外，我们还可以通过计算反映公司目前和未来创造自由现金流量能力的回报率来估算公司的价值。这一估算方法的典型代表就是投资现金流回报率（CFROI），该模型最早是由霍尔特估值咨询公司设计的。投资现金流回报率是指一家公司在某年创造的可持续的现金流量与当年对公司资产的现金投资额之间的比率。我们可以将投资现金流回报率想象成公司所有项目的加权平均内部收益率（weighted average internal rate of return，IRR）。投资现金流回报率的计算公式如下所示。

$$现金投资总额 = \frac{CF_1}{(1+CFROI)} + \frac{CF_2}{(1+CFROI)^2} + \cdots + \frac{CF_n}{(1+CFROI)^n} + \frac{TV}{(1+CFROI)^n}$$

式中：现金投资总额表示考虑通货膨胀因素后的所有股东和债权人的现金投资总额（gross cash investment）；

CF 表示考虑通货膨胀因素后的年现金流量（cash flow）；

TV 表示考虑通货膨胀因素后的未来现金流量的终值（terminal value）；

n 表示公司资产的平均经济寿命。

由此式计算得出的投资现金流回报率可以与公司当前或历史的资本成本率（已经根据通货膨胀调整后的）进行比较，同时也可以和本行业的数据进行比较。

股利折现模型（Dividend Discount Model，DDM）

> **股利折现模型：公司的股本价值应该等于公司未来所有股利（股息分红）折现的现值。**

股利折现模型（DDM）不是传统意义上的以现金流量为基础的估值模型。股利折现模型认为，公司的股本价值应该等于公司未来所有股利（股息分红）折现的现值。换句话说，DDM 模型是通过预测公司未来的股东分红并将其折算为现值来估算公司当前的股本价值的。该模型的计算过程可以分成两个独立的步骤：第一步，预测公司未来几年（通常是 5~10 年）的股息分红，并使用恰当的资本成本率将其折算为现值。第二步，完成第一步明确的预测期阶段后，需要对公司长期的年股利增长率和长期的资本成本进行恰当预测，并由此来计算出终值，即预测期之后各年股利折现后的现值。股利折现模型公式中所用到的资本成本需要反映股东分红这一特定现金流所隐含的风险水平。通常来说，风险水平越高，所使用的资本成本也应该越高。

我们应该注意到，在使用 DDM 模型计算终值时，我们只用到了一个统一的资本成本和股利增长率。也就是说，我们需要为明确预测期之后的各个时期确定一个固定的股利增长率和资本成本。这里隐含的另一层意思是我们在无法确定一个固定的股利增长率和（或）资本成本的时候，可以灵活调整明确的预测期限，即可以适当延长预测期，直到可以采用一个适当的固定增长率数值。股利折现模型的计算公式如下所示。

$$MV = \frac{D_1}{(1+K)} + \frac{D_2}{(1+K)^2} + \cdots + \frac{D_n}{(1+K)^n} + \frac{TV}{(1+K)^n}$$

$$TV = \frac{D_{n+1}}{C_E - g}$$

式中：MV 表示股本的市场价值（market value）；

D 表示特定年份的年股利额（dividend）；

K 表示资本成本（cost of capital）；

C_E 表示股本成本（cost of equity）；

g 表示 n 年后年股利额的固定增长率；

TV 表示终值（terminal value）；

n 表示明确预测期的年数。

实物期权估值法

自从费希尔·布莱克和迈伦·斯科尔斯在 1973 年共同发表了《期权定价与公司债务》（*The pricing of options and corporate liabilities*）之后，这篇具有里程碑意义的论文中关于期权定价公式已经被投资者、经纪人和其他使用者广泛地用于计算股票期权、利率期权和其他在世界各地交易的期权理论价值。期权定价公式所包含的意义在于：运用公式计算出期权正确的理论价格后，再将此价格与现行的市场价格相比较，以此来判断该期权的市场价格是被低估了还是被高估了。只是在近几年，人们才将期权定价公式作为标准的净现值评价指标的替代方法，用于评估市场中的投资机会。

金融期权的所有者有权在未来某一时段内（the exercise period）以双方约定好的价格（the exercise price）买入（call option）或卖出（put option）一定数量的标的资产（股票、债券、定量的黄金等），但其所有者不承担必须履行的义务。因此，期权购买时需要支付一定的费用（即为期权的售价）。

实物期权和金融期权的实质很类似。例如，一家公司拥有对某个项目的投资机会（就像购买一个期权），该期权赋予公司在六个月的时间内有权利按行权价格（投资成本）购买标的资产（取得该项目）。六个月后，如果该项目的收益能够超过预期，即预期项目的净现值高于该期权的行权价格（投资额），该期权就会执行，项目就可以继续进行下去。反之，如果预期项目的净现值低于该期权的行权价格，项目就会变得无利可图，公司便会放弃项目的执行权，此时唯一的损失就是公司预先支付的期权费用，即期权的价值。实物期权估值的关键之处在于考虑了项目或是整个公司在时间上的延迟性和选择性以及投资后的各种变动弹性，而现金流量估值法并未考虑这些因素。在实物期权估值法中，伴随管理团队策略的调整而出现的各种可能性，如扩大投资力度或是干脆放弃整个项目，这些选择都会被赋予一个恰当的估值。换句话说，对于一个投资项目，实物期权估值法计算的净现值为正，而传统的现金流量折现法计算出的净现值可能为负。导致这一结果的原因是，项目的灵活性和项目投资本身也有一个价值。

> 在资本密集型行业，特别是对不确定性较高、按顺序投资的项目来说，实物期权是非常有力的决策工具。

当然，实物期权估值法在一些特定行业中的作用比在其他行业更显著一些。由于资本密集型的行业需要在高度不确定的经济环境中开展投资活动，因此实物期权估值法已成为此类行业强有力的决策工具。在决定是否进行大规模投资或是放弃该投资前，先花费小额资金锁定项目开发权，这种方式与股票期权非常类似。投资股票期权同样要求投资者预先支付一定数额的期权费用来购买该股票期权，之后再视实际情况决定是否要执行该股票期权。同样的例子还适用于能源行业（特别是石油和天然气行业），所有研发密集型的行业，例如生物、医药和高科技行业，以及需要高额投资的行业。

2009 年就有许多金融界的权威人士指出，实物期权估值法是非常有价值的估值工具，几乎适用于对所有类型的公司进行估值。这一想法的意义在于，所有未被开发的可以创造未来现金流量的项目，像新产品开发、新业务拓展或是新市场的出现，都有可能或最好使用实物期权估值法来进行评估。公司价值评估可以用以下的方法来分成两部分：

> 公司价值 = 现有业务的价值 + 未来潜在业务的价值
> = 未来现金流量折现现值 + 公司实物期权投资价值

现有业务的价值可以通过本章中提及的其他估值模型进行计算，例如现金流量折现法。由于我们可以把潜在未来价值的计算剥离出来作为一个单独的部分考虑，使得我们更加容易地预测未来自由现金流量的状况。因此，我们可以使用实物期权估值法评估公司在本行业或相关行业中的其他潜在业务机遇的价值。最终，可以将以上两个方面的估值结果相加，合计金额即为公司的市场价值。

通常，在使用实物期权估值法评估项目和投资机会时，它是一种理论化的方法而不完全是一种具有实际意义的估值方法。在实践当中，我们通常会使用布莱克—斯科尔斯期权定价模型对金融期权进行估值。使用该模型来计算期权价格时，需要输入很多变量。当计算实物期权的价值时，我们需要根据项目或投资机会等具体情况为这些变量赋值。

基于收益的估值模型

剩余收益模型

剩余收益是指一家公司所创造的真正利润，是相对会计利润而言的。会计利润是由会计准则决定的。剩余收益不仅仅考虑公司的债务成本，同时还考虑股本成本，比如权益投资人的机会成本。剩余收益模型的隐含意义在于，公司不仅需要达到盈亏平衡点，还需要创造出足够的价值来弥补其正在占用的资本成本。剩余收益的计算公式如下。

$$RI = (R_E - C_E) \times BV_t$$

式中：RI 表示剩余收益；

R_E 表示股本回报率；

C_E 表示股本成本；

BV_t 表示 t 年初时股本的账面价值。

剩余收益模型使用公司股本权益的账面价值和预期剩余收益的现值来估算公司价值，其公式如下。

$$公司价值 = BV + RI/(1+C_E)^1 + RI/(1+C_E)^2 + \cdots + RI/(1+C_E)^t + TV/(1+C_E)^t$$

式中：BV 表示公司当前股本的账面价值；

RI 表示公司未来剩余收益，剩余收益是公司的净利润与股东要求回报收益之间的差额；

C_E 表示股本成本率；

t 表示预测期内的年数。

终值（TV）的计算公式如下。

$$TV = BV_t \times RI_t / (C_E - g)$$

式中：BV_t 表示 t 年时股本的账面价值；

　　　RI_t 表示 t 年时的剩余收益；

　　　C_E 表示股本成本率；

　　　g 表示从 t 年起到之后无穷年剩余价值的增长率。

　　与股利折现和自由现金流量折现不同，这两种估值模型中，来源于永续经营部分的终值在计算中占了很大的比重。剩余收益模型用到的值多数都是近期或未来几年的估值，因为公式中重要的组成部分为股本的账面价值。账面价值多数可以直接在资产负债表中找到。在大多数情况下，因为时间越久，剩余价值在总价值中所占的比重越小，因此很多情况下将终值考虑为 0。相对于现金流量折现模型而言，剩余收益估值模型在这一点上具有明显的优势，因为 10~15 年后终值的预测结果，伴随着预测时间的增加，其误差也很容易扩大，此结果通常只是有经验的估值人员通过其掌握的知识来做出的一个最合理的猜测。

　　剩余收益估值模型的另一个优点是计算中用到的数值都是基于标准的会计报表科目的，都很容易找到。但这同样导致了剩余收益模型的一个缺点，因为模型本身是基于会计准则的，其通常不能准确体现公司资本和现金流量的真实经济价值。

经济增加值模型

> 指定年份的经济增加值等于公司收入减去其运营成本和资本成本后获得的超额收益。

　　经济增加值估值模型是基于剩余收益模型稍做改动后产生的，其流行的名称是 EVA（economic value added）。该模型是由思腾思咨询公司（Stern，Stewart & Co.）公司最早开发的。EVA 模型认为公司价值等于公司当前权益资本与所有未来经济增加值折现后的现值之和。而指定年份的经济增加值等于公司收入减去其运营成本和资本成本后所获得的超额收益。其算法为，用年初资本总额乘以投入资本回报率和资本成本的差额。换句话说，如果想要公司价值大于其投资总额，投入资本回报率（return on invested capital，ROIC）必须大于同期资本成本，如图 4-3 所示。

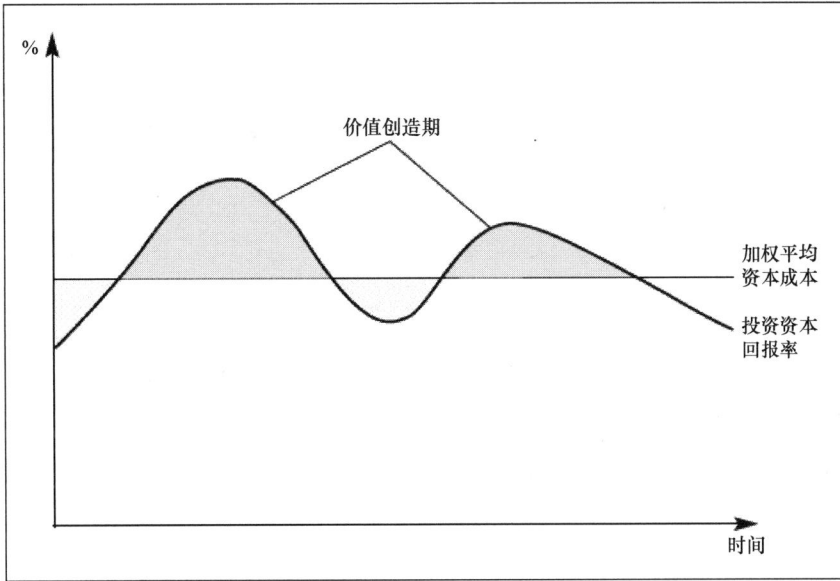

图 4-3　加权平均资本成本、投入资本回报率与价值创造之间的关系

　　经济增加值是对剩余收益和经济利润微调后的变量，对财务报表中的一些数据进行调整使其转化为可供估值的统计数据。具体来说，就是要对税后净营业利润（net operating profit after taxes，NOPAT）和年初资本总额进行调整。通常来说，需要调整的项目可以归类如下：

- 将权责发生制转换为收付实现制。
- 从清算观念转换为持续经营观念。
- 剔除非正常状态下的损失或收入。

年经济增加值的计算公式为

$$EVA = NOPAT - (WACC \times K)$$

式中：EVA 表示经济增加值；

　　　　NOPAT 表示税后净营业利润，即不包括融资成本和除折旧外的非现金支出科目；

　　　　WACC 表示加权平均资本成本；

　　　　K 表示年初资本总额，通常为股本账面价值加上有息负债之和。

年经济增加值的公式还可以有另一种表达方式，如下所示。

$$EVA=(ROIC-WACC) \times K$$

$$ROIC=\frac{NOPAT}{K}$$

式中：EVA 表示年经济增加值；

　　　ROIC 表示年投入资本回报率；

　　　WACC 表示加权平均资本成本；

　　　K 表示年初资本总额；

　　　NOPAT 表示税后净营业利润。

上述公式计算结果可以体现一个企业的经济增加值为正数还是负数，换句话说，经济增加值的正负体现该企业是否正在创造价值。根据经济增加值的计算公式，如果公司想要创造价值，我们可以考虑以下几种途径：

- 在保持加权平均资本成本和投资总额不变的情况下，提高投入资本回报率。
- 在保持投资回报率和投资总额不变的情况下，降低加权平均资本成本。
- 在投入资本回报率大于加权平均资本成本的前提下，增加投资资本总额。
- 在投入资本回报率小于加权平均资本成本的前提下，减少投资资本总额。
- 在投入资本回报率大于加权平均资本成本的项目中，延长其使用期限。

但公司管理团队和股东们的目标并不只是想最大化某一年的经济增加值，而是最大化公司价值，即公司未来各年经济增加值的现值与公司资本总额之和的最大化。未来各年经济增加值之和也被称为市场增加值（market value added，MVA）。对于上市公司而言，市场增加值即为公司的市场价值与投入资本总额之间的差额。换句话说，市场增加值是公司对未来经济增加值的期望值，其计算公式如下。

$$EV=K_0+\frac{EVA_1}{(1+WACC)^1}+\frac{EVA_2}{(1+WACC)^2}+\cdots+\frac{EVA_n}{(1+WACC)^n}+\frac{TV}{(1+WACC)^n}$$

$$TV=K_n^*+(ROIC_n-WACC) \times K_n^* \frac{1}{WACC-g}$$

式中：EV 表示公司价值；

　　　EVA 表示经济增加值；

K 表示公司的资本总额；

WACC 表示加权平均资本成本；

TV 表示终值；

ROIC 表示投入资本回报率；

K^* 表示预测期后资本总额；

n 表示预测期的年数；

g 表示 n 年后未来经济增加值的增长率。

尽管上述模型和现金流量折现模型从表面上看起来差别很大，但实际上，如果使用的输入数据保持一致，用不同公式的估值结果应该差别不大。经济增加值与折现现金流的关系可以用下面这个等式来表达：

公司价值 = 未来现金流的现值

= 资本总额 + 未来经济增加值的现值

EVA 模型的使用有非常广泛的意义，其主要用途在于当现金流量折现模型不能很好发挥作用时，EVA 指标可以作为公司各个时期经营状况的衡量标准。由于 EVA 指标可以独立用于计算不同的企业、部门、生产线或是同企业内不同地区分公司的经营状况，其在薪酬管理方面（例如价值管理）的作用表现得尤为突出。

如图 4-4 所示，EVA 模型的另一大优势在于其可以将绩效评估与公司估值有效地联系起来。这一优势确保了公司对员工及其管理层的评估奖励与公司的经营状况保持一致。这样一来，能否满足资本市场的要求将会直接影响公司绩效评估的结果。关于经济增加值在激励机制中的作用，更详细的内容我们将会在第 9 章中进行讨论。

基于资产的估值模型

净资产估值法

净资产估值法大概是所有公司估值模型中最简单的一种。净资产估值法认为根据特定会计原则对资产负债表调整后，报表中资产总额与负债总额间的差就是使用净资产估值法所估算的公司价值。换句话说，公司价值等于调整后的权益总额（见表 4-1）。

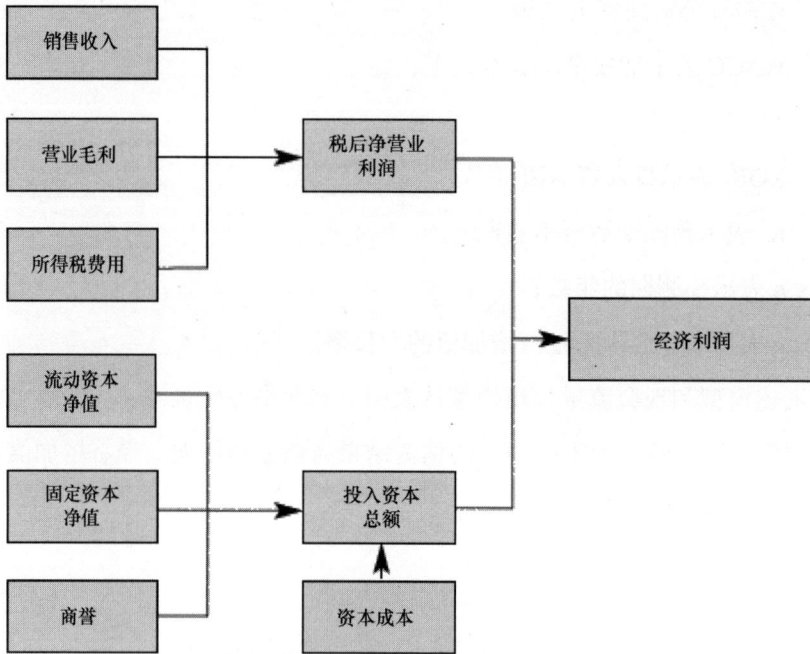

图 4-4　绩效评估与公司估值之间的联系

表 4-1　Mobitronics 公司的资产负债表　　　　　　　　单位：百万欧元

资产		负债和所有者权益	
商誉	73	权益	2 045
物业，厂房与机器设备的净值	2 771	递延所得税费用	482
应收账款	971	有息负债总额	245
营运流动资金	36	应付账款及其他负责总额	1 079
资产总额	3 851	负债和所有者权益总额	3 851

　　例如，使用净资产估值法对 Mobitronics 公司进行估值得出其公司价值（即权益价值）为 20.45 亿欧元，而这一估值结果远远低于公司目前在市场上的市值。总体来说，使用净资产估值法得出的估值结果通常会低于公司的市场价值。在 2009 年秋季，以欧洲股市为例，各上市公司的净资产估值总额仅占其市值的 29%。显而易见，净资产估值法与真正的市场估值所得出的结论并不相一致。

　　为什么净资产估值法的评估结果往往低于其市场估值？由于会计核算准则的要求，很多创造价值的项目并不能完全地体现在资产负债表中。例如，营销方面的投资、员工培训费用和研发费用等都不会被记入资产负债表中，但这些项目都可以为公司创造价值。另一个比较极端的例子就是咨询产业，这一行业中的公司其有形资产所占的比重非常少，但公司由于有非常宝贵的人力资源、品牌资源以及成熟的业务流程，因此其市值往往会远远高于其净资产总额。此外，在会计核算过程中，对于资产价值的评估通常会采用非常谨慎的原则。比方说公司的电脑通常会在三年内摊销完毕，但是这些电脑三年后仍然可以正常使用，因此仍然具有一定的价值。其实不难看出，账面价值与市场价值之间存在差异的主要原因为，前者在计算时不考虑资产可能创造的未来超额收益。关于此内容，我们将在本书的第 7 章中进行深入讨论。

> **净资产评估法对于诸如银行、房地产公司和投资公司等公司的估值是非常有意义的。**

但是在一些特定行业中，净资产估值可以准确地对公司价值进行评估。特别适用于那些依靠持有资产或者有价证券而获得未来现金流量的公司，通常指一些证券公司或是房地产公司。显而易见，净资产评估法对于诸如银行、房地产公司和投资公司等公司的估值是非常有意义的。

最重要的可比公司估值模型：基于乘数的估值模型

正如前面所提到的，估值比率是指公司的市场价值与另一个变量（销售额、利润或是现金流量）之间的关系。公司的这一估值比率也可用于同其他公司、行业平均水平或是公司自身的历史数据进行比较。"比率"和"乘数"这两个说法有时可以通用，因为它们所代表的数值是相同的。不同之处在于，比率是除法运算的结果，而乘数则用于乘法运算中。

最常见的乘数包括以下几种。

- **盈利乘数**（earnings multiples）反映公司价值与其当前或未来净利润之间的关系。这些指标只与公司股东有关系，因此也被称为股本价值。盈利乘数最典型的代表就是市盈率（P/E），其计算方法为公司普通股的市场价格除以普通股每年每股盈利。

- **现金流和息税折旧摊销前利润乘数**（cash flow and EBITDA multiples）反映公司价值与其现金流量或是营业利润（EBITDA）之间的关系，例如公司价值/息税折旧摊销前利润乘数（EV/EBITDA）。

- **销售收入乘数**（revenue multiples）反映公司价值与公司收益或是销售额之间

的关系。因为公司的销售额和公司所有债权人和股东利益相关者都息息相关，所以销售收入乘数反映的是公司价值。销售收入乘数的例子包括公司价值／销售额（EV/S）。

- **资产乘数**（asset multiples）反映了公司价值与净资产价值（也被称为账面价值）或是调整后的净资产价值之间的关系。资产乘数的例子包括股票当天每股收盘价值／股票每股的账面价值（P/BV）。
- **经营乘数**（operating multiples）反映了公司价值与一系列同经营相关的因素的关系，所谓与经营相关的因素包括客户数量和订阅用户数量等。经营乘数的例子包括公司价值／客户数量（EV/customer）。

我们将在本书的第 5 章中进一步详细探讨基于比率和基于乘数的估值法。

风险投资估值模型

风险投资估值法也被称为目标股份比例方法，通常适用于对初期的公司进行估值。风险投资估值法与其他方法的不同之处在于，其估值始于先估算一个期末的退出价值，再根据当前投资者的投资回报率计算目标当前的价值。我们可以用下面的公式来描述这个最简单的模型：

> Post-money valuation= 退出年份 *n* 的 terminal value / required ROI

式中：

Post-money valuation 表示投资后的公司估值，其等于投资前估值加上投资总额；

Terminal Value 表示未来某个时间点所期望的退出价值；

Required ROI 表示投资者在特定时期对于特定公司投资所期望的回报率。

退出价值是指公司在从现在起到未来几年内，当公司想要结束此次投资（通常会选择上市或是卖掉公司）时，投资者所期望的公司最终价值。从理论上讲，退出价值可以通过一些估值方法进行估算得出。但在实践中，通常会简单地使用一个或多个乘数乘以公司的销售额或是净利润来直接计算得出。

打个比方来说，A 公司期望五年后的销售额能达到 3000 万欧元（投资者通常会将公司管理层所预估的销售收入下调 40%~70%）。同一行业中管理完善的企业净利润率可以达到 10%。如果我们假设 A 公司可以维持相同的利润率，这样就可以在五年后实现每年 300 万欧元的净利润。如果相似的公司市盈率乘数（P/E）是 20，那么将这一乘数应用在 A 公司，我们就可以估算出 A 公司五年后的价值为 6 000 万欧元。

当使用另一公司的乘数对目标公司进行估值时，深入了解下面的一些注意事项至关重要。

- 乘数是以上市公司为参照吗？通常来讲，对非上市公司应用上市公司的乘数时需要打 30% 折扣。
- 估值所选择的乘数是否以本行业并购交易而产生的乘数为参照？如果答案是肯定的，那么该并购交易乘数可能隐含有协同效应，从而会影响估值乘数的大小，因此这一乘数也不能完全照搬。

早期的投资通常伴随有较高的风险，因此许多公司都很难达到或接近其计划书中想要达到的收入或是利润，所以风险投资家或是其他对早期公司进行投资的投资者通常会要求很高的回报率。相应地，投资者也很难在这样的投资中拿到预期的回报，有些投资者甚至无法收回其成本。在一个通常由 10 个刚起步公司组成的投资组合中，投资者通常会遭遇 3~5 个完全失败的公司和 3~4 个只能勉强能收回成本的投资。因此，整个投资组合的回报只能寄希望于其中 1~2 个非常成功的公司。

随着公司逐渐进入成熟期，投资风险大大降低。鉴于投资资金注入时公司所处的不同时段，其早期回报率要求的范围通常在 30%~70% 之间。换句话说，投资者通常期望在退出时的回报率是其投资额的 10 倍或是 30 倍。

使用 20 倍收益和退出价值 6 000 万欧元计算可以得出：

$$投资后估值 = € 6 000 万 /20 = € 300 万$$

创始人如果想要筹集到 100 万欧元作为资本，并且同时满足投资者所期望的投资回报率，投资者需要持有公司 33% 的股份（100 万欧元投资额 /300 万欧元估值）。

在这个例子中，为了将程序简化，假设公司只需要一轮融资就能筹集到足够的资金直到风险投资人退出。而在实际中，公司通常需要几轮融资，每一轮融资都会或多或少地稀释现有股东的所有权。此外，使用员工股票来激励表现优秀的员工，这一做法也会进一步稀释股东所有权。所有这些因素都会对风险投资估值有影响，但估值背后的基本概念仍然保持不变。

风险投资估值是一种简化了的估值方式，而且是单纯地从投资者的角度出发进行估值的。所以，将风险投资估值法作为其他估值法的补充来使用是非常有必要的。同时，风险投资估值法对于想要筹集资金的创业者来说，是了解初期投资者和评估投资机会的一个非常宝贵的工具。

估值模型的选择

正如我们所看到的一样，可供公司选择的估值模型有很多。我们应该选择哪一种模型呢？从某种程度上说，这要看估值时的具体情况和公司估值的目的（详见本书第3章）。同时，还需要考虑公司所处的行业、公司的发展阶段以及估值所要求的细节程度。

我们不应该忽略这样一个有趣的现象，从数学的角度讲，如果估值所使用到的数据是一致的，无论使用哪一种估值模型，我们所得到的结果都应该是相似的。例如在某些特定的假设条件下，通过数学推导可以证明，本章中介绍的五种估值模型（股利折现模型、现金流量折现模型、剩余收益模型、经济增加值模型和投资现金流回报率模型）在所有重要方面的表述基本上是一致的。

在这里，我们所要推荐使用的最常见的估值方法是将麦肯锡现金流量折现和一些关键性的乘数估值法合并使用。现金流量折现的另一个优点在于，它要求评估者对公司的基本业务状况、创造价值的机会以及关键价值驱动因素有一个非常好的了解。正如前面所提到的，现金流量折现估值模型最大的优点在于其估值结果可以很好地反映公司相对应的市场价值。

> **大多数专业的评估师都会将现金流量折现模型和其他一些乘数估值结合在一起使用。**

然而，现金流量折现估值模型也存在一些弊端。例如，估值需要花费的时间较长，对于关键输入假设变量的微小误判非常敏感。也正是因为这样，大多数专业的评估师都会将现金流量折现模型和其他一些乘数估值结合在一起使用，这样得到的结果才会是相对合理的。此外，还需要反复检查现金流量折现模型中所隐含的长期假设条件。有时候表面的假设条件也许是合理的，但是涉及关键的财务状况的隐含条件也许并不合理。请参阅本书后文中的"检查模型假设"这一节中对该问题的详细论述。图4-5描述了我们对读者选择估值方法的建议。

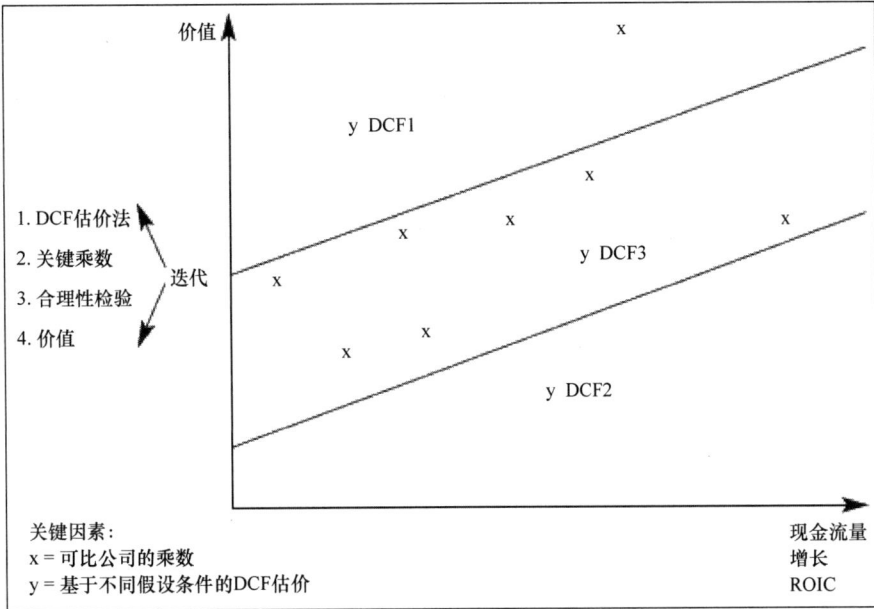

图 4-5　我们推荐使用的估值方法

　　我们应该侧重于乘数的可比公司估值还是应该侧重于自身的基本面估值法，这一点通常取决于公司所处的发展阶段。公司越是处于成熟稳定时期，就越应该将大部分的注意力集中在现金流量折现估值法上。然而对于新成立的或是规模较小的公司来说，最常用到的估值方法应该是基于乘数的估值法。总之，公司处于不同的发展阶段时，估值的侧重点也应有所变化，详情如图 4-6 所示。

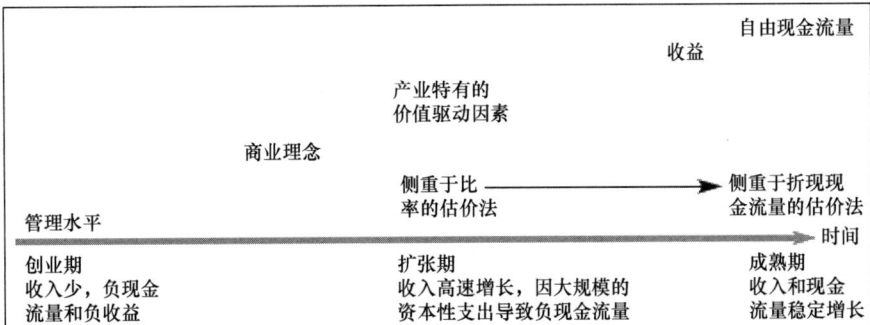

图 4-6　在公司处于不同的发展阶段时估价侧重点的变化情况

小结

在本章中，我们从理论上对各种重要的估值模型中涉及的概念进行了一个简单概括的讲解，其中包括股本价值与公司价值、基本价值和相对价值。然后，基于这些概念我们将估值模型按现金流量、收益或是经营变量进行分类（见图4-2）。

几种最重要也是最常见的公司估值法包括：

- **股利折现模型（DDM）**，认为股本价值等于所有未来股东红利以适当的资本成本率折现后的现值总和。

- **现金流量折现模型（DCF）**，认为公司价值等于将公司未来所有现金流量以适当的资本成本率（通常使用的是加权平均资本成本，WACC）折现后的现值。

- **投资现金流回报率模型（CFROI）**，同现金流量折现模型相反，投资现金流回报率这一指标可以体现公司当前或未来创造自由现金流量的能力，这一指标可以被看作是一家公司在某一年创造的可持续的现金流量与当年公司投入资本总额的比率。

- **实物期权估值法**，将金融期权的定价方法用于衡量公司的投资机会，最终对公司进行估值。这一估值方法对那些公司价值与某一投资机会或投资项目成败密切相关的情况尤为适用。最适合使用实物期权估值法的行业包括能源行业（特别是石油和天然所行业）和密集型研发行业，如生物、医药和一些高科技行业。

- **剩余收益估值模型**，认为公司价值是公司的账面价值和未来减去债务和股本成本的剩余收益的现值之和。

- **经济增加值模型（EVA）**，认为公司价值等于其当前的资本总额与其所有未来各年的经济增加值的现值之和。公司某一年的经济增加值等于其税后净营业利润减去其经营成本和资本成本。其计算方法为年初资本总额乘以资本回报率与资本成本之间的差额。

- **净资产估值法**，最简单的估值法，其认为公司价值等于根据一定会计准则调整后的资产总额与负债总额之间的差额。换句话说，按照净资产估值法计算公司价值等于其资产负债表上调整后的权益总额。

- **基于乘数的估值模型**，认为公司价值可以通过另一个相关公司的指标体现出来。所得到的估值比率也可以与其他公司、行业平均水平以及公司的历史数据进行横向和纵向比较。

- **风险投资估值模型（VC）**，从投资者的角度出发，预估公司的退出价值并按照投资者预期的投资回报率对公司进行估值。

在本章的结尾，我们讨论并仍然建议使用最常用的公司估值方法——将现金流量折现估值模型与一些关键乘数比率估值法结合在一起。下一章会详细介绍基于乘数的估值方法。

第 5 章

基于乘数的价值评估

本章要点

- 乘数的分类
- 选择合适的乘数
- 各种不同的乘数
- 如何获得乘数估值中所需的数据
- 小结

估值专家、管理者以及投资者会经常使用基于乘数的估值方法来对公司进行估值。基于乘数的估值方法认为，公司价值可以通过与之相关的特定变量，如销售额、息税前利润（EBIT）、净利润或是账面价值体现出来。

> 记住：
> 比率 = 乘数

比率和乘数所代表数值的大小是相同的，但是这两个术语却常常会用在不同的环境下。

比率等于公司价值 / 变量，是通过除法运算得出的结果；而公司价值等于变量 × 乘数，故乘数是用于乘法运算中的一个参数。

乘数的分类

基本乘数和相对乘数

正如前一章中所介绍的，乘数的估值方法通常可以分为两种，因此乘数也可以简单地分为两类，即基本乘数和相对乘数。从其名字就可以看出，基本乘数是根据公司自身最基础的数据运算得来的。相对乘数恰恰相反，是将目标公司自身的一些变量（例如息税前利润），与同行业内的其他公司又或是与整个行业的平均水平进行横向或是纵向的比较而得出的。在这两种基于乘数的估值方法中，最常用到的是相对乘数估值法。

基本乘数估值法的运算过程需要遵循以下步骤：

第一步，在对公司进行估值前需要选择一个适当的财务变量。

第二步，搜集计算所需要用到的输入数据。

第三步，如有需要，对所需要数据进行适当调整。

第四步，计算比率（使用本书中所提供的公式）。

第五步，将计算所得到的乘数应用在公式中来对公司进行估值。也可将乘数与同行业其他公司进行比较，从而对目标公司和其他公司的相对价值进行比较。

相对乘数的运算过程需要遵循以下步骤：

第一步，在对公司进行估值前需要选择一个适当的财务变量。

第二步，找到可用来做对比分析的同行业公司或是本行业的平均数据。

第三步，根据公司间的差异对数据进行必要的调整。

第四步，计算所需行业或是可比公司（comparable companies）的比率。

第五步，将计算所得比率应用在公司特定的财务变量中来对目标公司进行估值。

股本乘数和公司乘数

> 股本乘数和公司乘数是两种最基本的乘数，可以作为相对乘数使用，也可以作为基本乘数使用

股本乘数和公司乘数是两种最基本的乘数，可以作为相对乘数使用，也可以作为基本乘数使用。

- 公司乘数反映的是整个公司的价值（EV）。公司乘数是一个与所有对公司财产享有要求权的主体（股东权益持有者、债权人和持有少数权益的股东等）相关的财务变量。典型的公司乘数包括公司价值 / 销售额（EV/sales）和公司价值 / 息税折旧摊销前利润（EV/EBITDA）。

- 股本乘数反映的是股东对公司剩余财产要求权的财务变量，通常也被称为市场价值（MV）或者简称为价格（P）。股本乘数是一个只与股东相关的财务变量。这些变量是指公司支付给债权人、少数权益的股东和非股本债权所有者后的剩余价值变量。股本价值等于公司价值减去债务的市场价值、少数股东权益、养老金和其他债务要求总和等。典型的股本乘数包括市盈率比率（P/E）和市净率比率，即每股市场价值 / 每股账面价值（P/BV）。

在使用公司乘数和股本乘数进行估值时需要格外注意的一点是，所使用到的输入数据要保持分子和分母的一致性。也就是说，所有使用到的价值或是统计数据都要与公司相关利益持有人保持一致（即分子和分母要对应）。

相对于股本乘数而言，公司乘数在很多方面都表现得更具吸引力。首先，与股本乘数只关注股东价值不同，公司乘数将企业作为一个整体对待，因此其估值结果更全面，有更强的综合性。其次，公司乘数受资本结构差异的影响较少，因为其估值是基于无杠杆效应

> **公司乘数更综合，更具有可比性，相对股本乘数，较少受到会计政策的影响。**

影响下的公司进行的。最后，公司乘数中使用了受会计政策影响较小的财务数据，例如息税折旧摊销前利润（EBITDA）或营业自由现金流量（OpFCF）。将 EBITDA 和利润进行对比可以看出，EBITDA 在整个公司乃至整个市场都具有更强的可比性，因此使用 EBITDA 不需要对其进行太多调整。

在计算公司乘数时，所选用的财务数据必须能够反映公司所有债权人和权益人所共同要求的利益。例如，净利润只是反映股东权益的财务数据，因此不适合用在公司乘数的计算中。销售额是公司全部债权人和股东权益人共同所有的，因此可以作为计算公司乘数的依据。大体来讲，如果公司不存在任何财务的杠杆效应（即公司没有债务），公司就没有其他的债权人（假设也没有少数股东利息和养老金义务等）。在此情形下，公司价值等同于其股本价值。

乘数的使用方法

计算乘数的方法有以下几种：

> **通过不同公司的估值乘数差异，可以分析估值的事后效应。**

- 用另一个相似的公司或是行业平均水平乘数来对目标公司进行估值，这是使用乘数进行估值的最标准的方法。

- 将目标公司目前的乘数与可比公司的相同乘数进行比较。这种横向比较可以作为公司估值的组成部分之一，或是用于帮助了解公司在同行业及整个市场中的地位。我们常常还会将公司目前的乘数与基于公司预测的未来乘数，或是公司的历史数据进行纵向对比。通过对同行业公司乘数的对比来分析乘数的分布状况，可以发现一些隐含在估值中的事后效应，例如公司战略决策或是资本结构的改变。对于公司而言，这些事后效应也是非常有意义的一些发现。

- 将公司由市场所决定的当前的相对乘数与公司基于其基本状况所得出的基本乘

数进行对比，可以判断公司股票是被市场低估了还是高估了。另一个非常有趣
的现象是由投资机构对于目标公司所处行业的态度（推崇或是冷遇）引起的。
推崇的态度通常会导致一个较高的相对乘数，反之则会导致一个较低的乘数。
而此时，相对乘数和基本乘数之间的差异就会异常扩大（见图 5-1）。

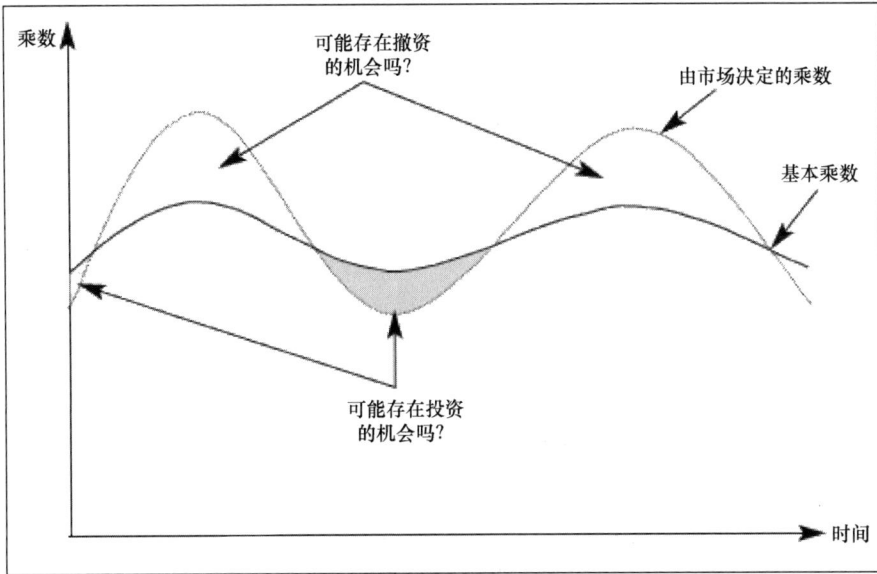

图 5-1　相对乘数与基本乘数随时间而变动的情况

- 预测乘数是将目标公司当前的市值与其下一年预计的销售额、利润或是
  EBITDA 相关联。使用预测数据的最大缺点在于其准确程度可能会很低，但是
  只要定期及时地对数据进行更新，这些预测乘数就会与公司的理论价格及真实
  的市场价格保持较高的契合度。
- 历史乘数是根据公司最近 12 个月的数据计算得出的。相较于标准乘数而言，历史
  乘数的优点在于公司由于日历财务年度不同而引起的差异都会在计算中考虑到。
- 相对比率用于分析公司价值与整个市场的关系。就市盈率比率（P/E）而言，
  其计算公式也可以表达为：相对市盈率 = 公司市盈率 ÷ 市场市盈率。使用相
  同的利润指标，例如公司下一年的利润来进行比较是非常重要的，只有这样才
  会得到有意义的数据。使用相对比率进行比较，通常会随着时间的推移不断进
  行更新。

基于乘数估值法的优缺点

使用乘数估值法对目标公司估值有诸多好处，其中包括以下几点。

- **效率高**。由于乘数的运算通常并不复杂，其运算所需要的其他公司或是行业平均水平的数据可以很容易地通过一些公司出版刊物、专业的数据库或是投资银行的分析报告搜集到，因此使用乘数法进行估值是一种最快速的估值方法。与现金流量折现估值法相比较，乘数估值法是一种更快速、更便捷的估值方法，同时也是一种因技术原因导致估值出现偏差的风险性较低的估值方法。然而，抛开传统的认为乘数估值法是很简单的运算这一观念不谈，想要准确运用乘数估值法进行估值同样需要时间，也需要付出很多的努力。尽管如此，其时间和努力相对于传统的基础估值法而言还是少了很多。

> 乘数估值的特点是效率高、显著性，而且是其他估值方法的有益补充。

- **显著性**。如果使用得当，基本乘数和相对乘数都可以对有需要的目标公司进行很好的估值。除了估值外，投资者通常还会使用乘数对公司的价值进行横向和纵深分析与比较。这就是理解基于乘数的估值方法，并且能够对估值结果进行讨论的重要性所在。现金流量折现估值模型的精髓不是那么容易掌握，而且其适用范围也远远不如乘数估值法广泛。

- **补充作用**。使用现金流量折现模型或是其他任何一种独立使用的模型进行估值都是一件非常烦琐的事情，并且由于涉及的内容过多，其出现运算错误的可能性也非常大。在这种状况下，将目标公司的估值结果利用其可比公司的乘数进行对比是一种快速检验估值准确性的方法。此外，乘数估值法也可以被看作是一种前期测试，在花费更多的时间对目标公司进行分析和估值前，乘数估值法可以使评估者对当前的估值状况有一个大致的了解，这样做可以帮助评估者决定是否要对目标公司进行更深层次的研究。

当然，使用乘数估值法估值也有缺点，具体包括以下几点。

- **估值过程过于简单化**。基于乘数的估值法将其注意力全部集中在一个单一的财务变量上，这将直接导致目标公司其余可用于创造价值的变量在评估时被忽略，因此估值的结果可能会不准确。例如，在使用相对乘数估值法对 B 公司进行估值时，如果选择可比公司 A 的息税前利润乘数进行估值，那么 B 公司收益快速增长这一影响公司价值的因素将会在估值时被忽略。因此，就会导致估值结果与 B 公司的实际价值出现很大的偏差。换句话说，基于乘数的估值法很可能会忽略公司特有的价值驱动因素（也有可能是价值毁坏因素），并由此对于目标企业的经营或是战略动态做出不恰当的判断。

- **不准确性**。在使用相对乘数估值法进行估值时，评估者实际上是在让其他投资者来为目标公司做出估值。相对乘数反映的是市场对公司未来现金流量、利润、利润率、增长潜力和其他影响公司价值的重要因素所持的观点。如果市场和其他投资者所持的观点都是错误的，我们又该如何做呢？此外，我们还需要对乘数估值法中用到的一些财务变量进行调整，但想要进行比较精确的调整还是比较困难的，所以估值的准确性也可能会因此而受到影响。

> 乘数估值法的主要缺点是过于简单，并且依赖于其他投资人的观点。

选择合适的乘数

选择一个合适的乘数

在使用基于乘数的估值法进行估值时，选择一个或是几个合适的乘数是非常重要的步骤。如平常一样，在对目标公司进行估值时，大家关注的重点往往是如何界定寻找那些能够对公司价值产生重大影响的关键性财务变量。这些变量可以是一些常见的关键变量，例如收入或是毛利；也可以是一些与经营或是特定行业相关的变量，例如宾馆客房数量或是每千瓦时的发电量。

基于乘数的估值法通常在估值者对于公司最基本的经营活动并不太了解的情况下使用。这样往往容易产生不准确的估值结果，从而导致投资者做出错误的投资决策。分析公司的基本业务和关键价值驱动因素可以避免以上提到的负面影响。我们将在第 7 章中对该问题展开深入讨论。

分析可比性

相对乘数通过使用可比公司或是同行的变量乘以目标公司的某个财务变量来对公司进行估值。需要注意的一点是，所选择的可比公司要与需要估值的目标公司尽可能地相似。估值时所使用到的乘数应该是一个与目标公司的经营范围和价值驱动因素都十分相似的可比公司的乘数。但是哪些公司才是真正的可比公司呢？当我们寻找相似的可比公司时，下面一些重要的指标可以为估值者提供参考：

- 市场规模。
- 市场增长额。
- 相对市场占有率。
- 进入市场的壁垒。
- 品牌影响力。
- 销售收入。
- 毛利润总额。
- 销售收入和现金流量的增长额。
- 资本支出水平。
- 经营风险与财务风险。
- 资本结构。

事实上，想要做一个合理的分析，我们就需要对每一个可比公司进行研究，并试图更多地掌握公司基层业务的驱动因素。为什么同行公司的乘数会有所不同？是不是因为这些公司能够生产出特殊的产品，有特殊的消费群体；又或者是他们有可持续的销售收入或者公司客户流失率很低等。对于可比公司财务和经营上的各个层面了解得越多，对其乘数的分析就会越精准，估值结果也会相应越有意义。

真正用心的投资者会确保考虑到不同公司中所有影响价值创造的因素。然而，在评估的经济性和准确性之间总是存在着平衡关系，我们必须权衡两者的关系后才能判断什么样的调整是必需的。如果不能找到合适的可比公司，那么使用行业平均乘数来进行估值就是最好的方法。

我们将在不同乘数的描述中对各种类型的乘数逐一进行更详细的介绍。

时期

在使用乘数进行估值时，需要考虑的另一个重要问题是哪一年的数据可以用作基础数据进行分析？理论上讲，公司未来的财务状况及其未来的现金流量是需要引起重视的数据。并且，实践证明预测的乘数才能够更准确地确定公司价值，同时其结果和市场对公司的定价也更加吻合。这些研究结果是基于一些美国上市公司的数据而言的。相较于其他地区的市场状况，美国上市公司数据预测的准确性要更高一些。对于那些小公司和没有来自股票市场压力的公司而言，其预测的准确性就会相对较低。在实践中，大部分的投资者和分析家通常都会着眼于公司当前的财务数据以及公司下一年的预测数据。例如，当使用公司价值 / 销售额这一乘数来对 Mobitronics 公司 2010 年的价值进行估值时，最常用的方法为使用评估当天公司的市值和净负债之和分别除以公司 2009 年、2010 年、2011 年和 2012 年的销售额，由此共可得到四组乘数。这些乘数可以用来与可比公司的乘数进行比较，以此来判断公司价值是被高估了还是被低估了。图 5-2 是 2009 年 Mobitronics 公司与其可比公司的公司价值 / 销售额比率的对比情况图。

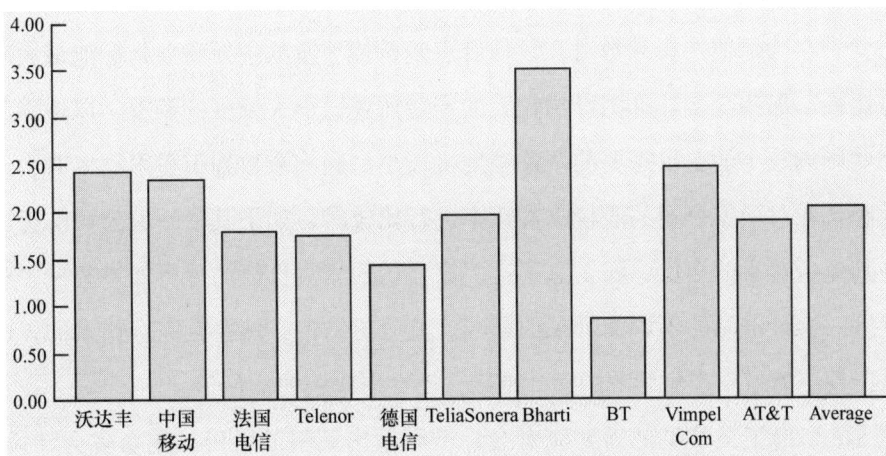

图 5-2　部分电信公司 2009 年公司价值 / 销售额比率分布图

使用乘数法对公司估值时，还可以从公司历史乘数这一角度入手进行分析。例如，如果我们想要找一个价值被市场低估了的资产，我们不仅仅分析市场当天对于目标公司或者其他可比公司现金流量的估值，我们更希望了解公司过去的估值状况。更具体地说，我们想要对比的是一个成熟公司目前的乘数估值和其在上一个经济周期中同期的乘数估值。例如，图 5-3 是微软公司过去 23 年市盈率比率的分布状况。

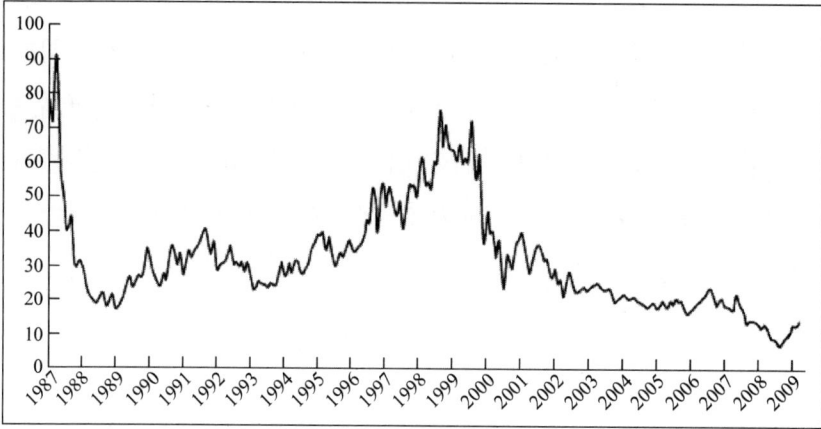

图 5-3　微软公司过去 23 年市盈率比率分布图

会计政策差异的问题

通常，在为估值选择乘数时，评估者总是希望涉及的主要财务指标能最大限度地具有可比性。那些受会计准则影响较大的变量需要做出大幅度的调整，以增强其可比性，那些影响较小的变量需要的调整幅度也较小。利润乘数如市盈率比率对会计准则十分敏感。在对两家公司的股权收益比率进行比较时，如果其中一家公司的折旧摊销速度是其竞争对手的两倍，那么对于这两家公司的相对价值的分析如果忽视了资产折旧速度这一会计准则的不同而带来的影响，其分析结论必然会是完全错误的。通常来讲，对于现金流量不产生影响的会计准则，不会影响公司的估值。

表 5-1 列出了最常见的需要应对会计准则做出调整的科目。在众多会计科目中，只有几个需要调整后拿来作比较，并以此最大限度地提高公司之间乘数的可比性。可是，正如前面所提到的，我们仍然需要对所期望的估值程度的精确性做出判断。在大多数的情况下，近似值就基本可以满足要求了。

表 5-1　常见的需要进行调整的会计科目

科　目	问　题
摊销与折旧	所比较的目标公司与其可比公司的折旧年限是否一致？所用的会计准则是否相同
投资	一些公司可能会将某种特定的资本支出记作费用处理，而另一些公司会在资产负债表中将其列为一项投资处理。这样不同的处理方法会影响公司的利润，因此也必须做出相应的调整
非经常性项目	非经常性项目需要在估值计算时进行剔除
租赁	租赁是一项基础的但很重要的科目，需要在估值时做出调整。租赁是作为一项投资计入资产负债表还是仅仅作为租赁不计入资产负债表中

　　避免上述"圈套"的一个最有效的方法就是使用那些受会计准则影响较小的财务变量。这些变量通常是用来估算公司价值而不是股本价值的。当然，这还取决于公司进行估值的目的以及估算公司价值是否会比调整会计准则的差异更为复杂。但在公司价值能够符合评估者估值目的的情况下，我们可以尽量使用一些受会计准则影响较小的财务数据，包括以下几项。

- **销售额（收入）**。销售额位于损益表的第一栏内，可用于公司间甚至是整个市场进行横向比较。但是，单纯用销售额作比较，完全不考虑公司的成本，也无法反映公司的利润水平。另外需要注意，销售额也并不是完全不受会计准则影响的财务变量，特别是由于收入确认和递延收入的处理方法不同，也会导致销售额的差异。

- **息税折旧摊销前利润（EBITDA）**。在损益表中，EBITDA 这一会计科目所处的位置比较靠后，也涵盖了公司大部分的成本，因此这一数据可以比较客观地反映公司利润的真实水平。EBITDA 受会计准则差异的影响并不大（对 EBITDA 产生影响的两个主要会计因素是销售收入和成本的确认标准）。我们可以将 EBITDA 看成是现金流量的近似值。在目前所使用的基于乘数的估值法中，EBITDA 是最常使用的一个财务统计数据。

- **现金流量**。如果计算方法得当，现金流量是一个完全不受会计准则因素影响的财务数据。即使现金流量被心怀叵测的管理者人为地进行了篡改（参考安然公司的例子），其仍然是非常适合用于在各个公司间进行横向比较的乘数。现金流量乘数的缺点是，其计算过程相对比较复杂。此外，由于可能存在临时增加的收入、非经常的成本或是投资等偶然性因素，公司现金流量每年也会出现不稳定的情况。因此，在使用现金流量作为乘数估值时，公司通常会参考近几年现金流量的变动趋势，对异常的现金流入和支出进行适当调整。

各种不同的乘数

下面，我们将介绍几个最常用也是最有用的乘数及其计算方法。当然，我们还会讨论这些乘数的优缺点和适用条件。

账面价值乘数

账面价值乘数（book value multiple）反映的是公司股本的市场价值与公司账面价值之间的关系。股本价值可以理解为当公司倒闭时，付清所有的债务后剩余给股东的所有价值。账面价值是指公司调整后的账面总资产减去调整后的总负债的差额。账面价值比率通常被称为市净率，即每股市场价值 / 账面价值或是 P/BV，在有些国家也被称为净资产价值比率。

账面价值乘数的计算公式为

$$\frac{\text{股本价值}}{\text{账面价值}} = \frac{\text{公司的市场价值}}{\text{经调整的账面资产总额} - \text{经调整的账面负债总额}}$$

在 20 世纪的前半段，公司估值刚刚兴起的时候，每股市场价值 / 账面价值的使用非常广泛，其流行程度要远远超过今天。这是因为 P/BV 比率对于有大量有形资产的公司，诸如工厂、矿山、大宗商品等公司估值是非常有效的，在这些公司中，其有形资产是影响公司

> 账面价值乘数反映了市场价值和账面价值之间的关系。

销售收入和现金流量的主要因素。时至今日，我们仍然有类似的公司存在，像银行、房地产公司和投资公司等。所有以上的这些行业都有一个共同的特点，即公司运作着很大规模的固定资产，却只有很小的边际利润率。图 5-4 对比了不同行业的 P/BV 比率。

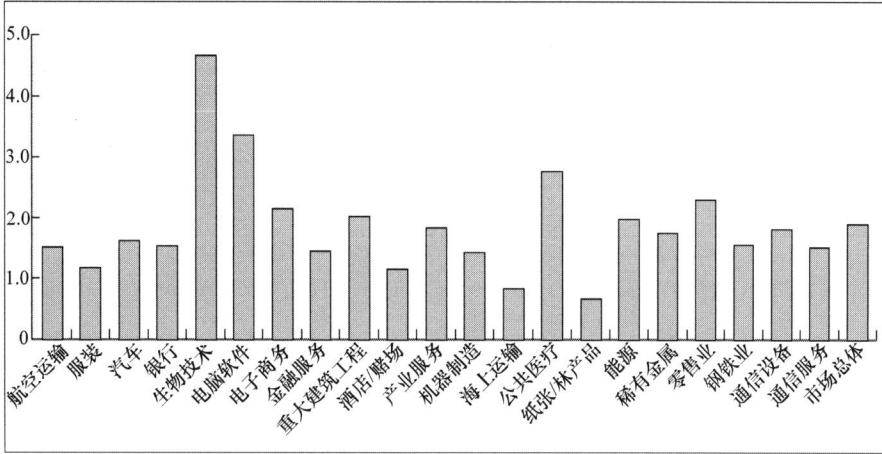

图 5-4　不同行业股本价值 / 账面价值比率

然而，当今社会很多公司都更加侧重于智力资本，公司销售收入和现金流量也是从智力资本中获得的。这些公司的账面价值通常都比较少，对于这样的公司 P/BV 比率则不适合用来进行估值。

使用基本乘数法计算的公式为

$$\frac{每股市场价值}{账面价值} = \frac{ROE-g}{ROE \times (C_E-g)} \times ROE$$

式中：ROE 表示股本回报率；

　　　g 表示增长率；

　　　C_E 表示股本成本。

从上面的基本乘数公式中可以看出，股本回报率在很大程度上决定着 P/BV 比率的大小。如果股本回报率较高，相应的 P/BV 比率也会较高。投资者对每股要求的回报增加，自然会有一个相对高的股本回报率。相反地，如果股本回报率较低，即投资者要求的权益回报率较低，则相应的 P/BV 比率也会较低。同样地，较高的利润增长率也会带来一个较高的 P/BV 比率，而较低的利润增长率也必然导致较低的 P/BV 比率。

当计算一个濒临破产的公司的 P/BV 比率时，账面价值将不包括任何无形资产，因为这些无形资产通常没有任何转售的价值。此时的比率通常是指股本价值 / 有形资

产账面价值，其计算公式为

$$\frac{股本价值}{有形资产账面价值} = \frac{公司的市场价值}{账面资产总额 - 账面负债总额 - 账面无形资产总额}$$

账面价值乘数的主要优点包括：

- 账面价值乘数这一概念本身浅显易懂，计算时所需要的数据非常容易在公司的资产负债表中找到。
- 账面价值是一个相对稳定的值，不易随时间的变化而发生改变，因此非常适合于对历史数据进行分析。
- 在公司发生亏损或是出现负的现金流量时，账面价值乘数依然可以使用。因为资产的概念在大多数市场以及国家的定义是相似的，使用账面价值乘数来做比较的效果会比较显著。

账面价值乘数的缺点在于，该乘数假设净资产是价值创造的主要源泉。而对于当今社会的大多数公司而言，包括那些几乎没有资产的服务性公司，这一理论是不正确的。其他的缺点还包括：

- 账面价值受会计准则的影响非常大。因此，各国及各公司间的账面价值计算方法会因其会计准则的不同，而产生巨大差异，所以不具有可比性。
- 资产负债表上所记录的账面价值完全不能公正地体现出资产在市场上的经济价值，其真正的市场价值可能是完全不一样的数值。

收入乘数

收入乘数（revenue multiple）也被称为销售额乘数（sales multiple），反映的是公司价值与其收入（销售额）之间的关系。收入是一个和公司所有股东权益人和债权人息息相关的现金流量，所以收入需要与整个公司的价值相关联。正因为如此，我们通常所用到的股

> 收入乘数也被称为销售额乘数，反映的是公司价值与其收入（销售额）之间的关系。

本价值/销售额比率（公式表达通常会直接用价格来代替股本价格）从理论上来讲是不正确的，这一公式只有在公司价值和股本价值相同时才适用。

当使用收入乘数时，公司的盈利能力或是其现金流量是没有被考虑在内的，因此按照收入乘数计算的公司价值不会与任何理论价值（如现金流量、息税前利润等）的关键性变量相关。当使用收入乘数时，评估者会自然而然地对公司成本结构做一个假设，默认公司的收入乘数很大程度上取决于其营业利润率。高的收入乘数通常代表较高的营业利润率，反之亦然。实际上，我们也可以这么讲，只有成本构成和营业利润率相似的公司，才可以用这一方法来做比较。

因为不需要衡量公司的盈利能力，收入乘数可以而且也经常用于对亏损的公司进行估值。

$$\frac{EV}{Sales} = \frac{公司价值}{销售额}$$

公司价值 / 销售额也可以表达成一个基本乘数来使用，其计算公式为

$$\frac{公司价值}{销售额} = \frac{ROIC-g}{ROIC \times (WACC-g)} \times (1-T) \times M$$

式中：ROIC 表示投入资本回报率；

　　　 g 表示收入增长率；

　　　 WACC 表示加权平均资本成本；

　　　 T 表示税率；

　　　 M 表示 EBITDA 边际利润率。

另外：

$$\frac{股本价值}{销售额} = \frac{边际利润率 \times 股息支付率 \times (1+g)}{C_E-g}$$

式中：C_E 表示股本成本率；

　　　 g 表示增长率。

股息支付率的计算方法为股息 / 净利润。

我们应该在何时使用收入乘数呢？正如前文所提到的，收入乘数虽然只是一个粗略的衡量指标，但是却有许多突出的优点，具体如下。

- 不同于其他的会计指标，收入是不容易被管理者人为篡改的。收入受存货、摊销折旧、异常收支等这些会计政策的影响不大。因此，收入乘数适合在不同的公司、行业或是国家之间进行横向比较。

- 有一些会计科目可能会在公司发展的不同阶段变成负数，因此而无法应用在乘数运算中，但是收入变量在大多数情况下都大于零，因而可以适用于不同的公司发展的不同阶段。有一些新建的公司，其损益表中所有的利润科目都显示为负数。还有一些经营出现困难的公司，其损益表中也会有一些科目显示为负数。对于这种类型的公司，现金流量乘数和利润乘数都不可用，因为在比率的计算公式中，分母必须为正值。但是收入乘数依然可用，因为无论公司出现何种状况，其收入必然会大于零。

- 收入乘数是一个相对稳定的数值，其随时间变化的幅度很小。比起净利润特别是现金流量而言，销售收入不容易受到异常项目的影响。因此，与其他指标相比，收入乘数能够更准确地反映公司价值的长期发展趋势，是估值中相对可靠的一种方法。

- 公司价格策略的调整，日益激烈的竞争或是公司战略目标的改变首先会对其收入产生直接的影响。因此，收入状况可以在很大程度上反映出公司或产业未来的发展趋势。

在使用收入乘数时，我们还需要密切关注一些问题，如销售额的波动状况、收入的确认标准以及可比公司间的利润率差异。

通常来讲，公司的收入乘数与公司收入增长率之间有着紧密的联系。收入增长越快，收入乘数的值也就越高。此外，正如前面所提到的，收入乘数还与公司的毛利总额有着直接的联系。在其他条件相同的情况下，公司的毛利总额越高，其收入乘数也就越高。这一结论为我们确定投资机会提供了非常行之有效的参考价值，详情参见图5-5。

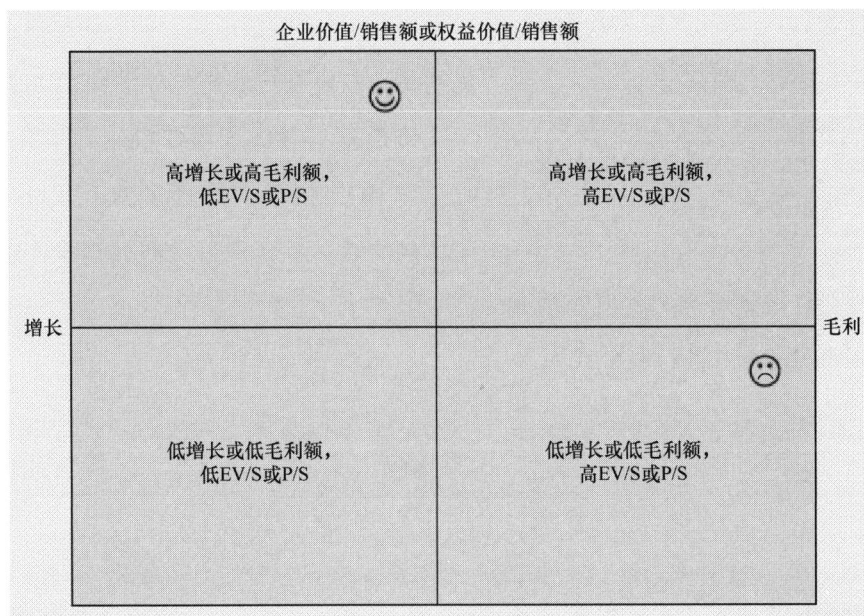

图 5-5　在分析投资目标时如何权衡公司价值 / 销售额、权益价值 / 销售额、增长及毛利

利润乘数

市盈率比率（P/E）乘数反映的是普通股每股市场价值与税后每股收益的关系。市盈率比率早在 20 世纪 30 年代初就被提出了，这一乘数大概是所有乘数中使用率最高的一个。尽管已经有很多的专业人士指出净利润并不是衡量公司财务状况的最佳指标，但是这并不影响市盈率指标仍是当今最流行的分析指标之一的地位。相对市盈率比率的计算公式为

$$\frac{价格}{收益} = \frac{公司的市场价值}{净利润}$$

又或者以每股作为基础，该公式的另一个表达方式为

$$\frac{价格}{收益} = \frac{普通股每股市价}{普通股每股收益}$$

假设 XYZ 公司的税后净利润为 1000 万欧元，当前股票市场上的公司总价值为 1.5 亿欧元。该公司的市盈率即为 1.5/0.1=15。

> **市盈率比率（P/E）乘数反映的是普通股每股市场价值与税后每股收益的关系。**

市盈率只考虑了股票投资者享有的现金收益，即损益表中的剩余收益（residual）。由于剩余收益是在损益表的最后才计算出来，因此其受会计准则影响的程度非常大。

基本市盈率乘数的计算公式为

$$\frac{价格}{收益} = \frac{ROE-g}{ROE \times (C_E-g)}$$

式中：ROE 表示股本回报率；

　　　g 表示利润增长率；

　　　C_E 表示股本成本。

从公式中就可以看出，市盈率的大小主要取决于三个变量，即股本回报率、利润增长率和股本成本。

图 5-6 是不同行业市盈率大小的柱状对比图。

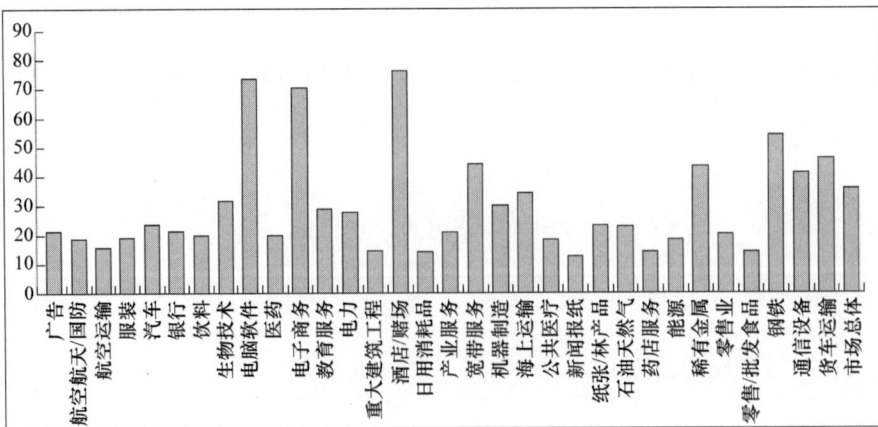

图 5-6　2009 年部分行业平均市盈率大小分布图

——由于经济危机导致 2009 年所有的市场乘数均高于其实际大小

由于在损益表中利润位于最末端的位置，因此利润比率对会计政策的敏感度非常高。市盈率适用的条件为当前利润可以代表公司的未来利润或是未来利润的发展趋势。市盈率成为最流行、使用最广泛的分析指标，其主要根本优势在于以下几点。

- 市盈率是一个吸引人的最直观的统计数据，直接将资产的买价同其收益联系在一起。
- 计算市盈率所需要的数据非常容易找到。大多数上市公司的历史收益、当前收益及其预测收益都是对外公开的，这些数据都很容易得到。
- 市盈率是判断归属于股东的利益的非常具体的标准。
- 市盈率经常会出现在各种出版物中，所有投资者都熟悉这个指标。大多数的投资者都会对市盈率指标的大小有所了解，这同时提高了市盈率的使用频率，也易于大家对其进行交流讨论。

然而，使用市盈率指标也存在着诸多问题，具体如下。

- 市盈率很容易受会计准则的影响。尽管在使用市盈率时，可以在后期将商誉减值和一些非经常性项目加回到净利润中，这样可以减少会计准则带来的影响，但是净利润的大小还是非常容易被人为地操纵更改。
- 市盈率没有将企业未来增长所需要的成本考虑在内。当企业有很高的增长率时，其乘数也会相应地比较高，尽管此时的股本回报率通常并不高，因为公司发展需要更多的资本投入来支持其高速增长。
- 与现金流量乘数相比，市盈率能够更好地反映出市场氛围以及整个行业的发展态势。这也使市盈率成为整个系统风险的一部分。

图 5-7 展示了自 1880 年起，标准普尔 500 公司的市盈率发展情况。

在其他因素保持不变的情况下，高的增长率必然伴随高的市盈率。因此，如果一家公司的市盈率较高，其增长率也会相对较高。然而，相对高的市盈率并不能说明该公司的股票是被高估了还是被低估了。问题在于，在增长率差异前提下，其市盈率高出多少才是合理的？或者换一个说法，一定程度的增长率所对应的价值是多少？想要搞清楚增长率和市盈率比率间的关系，我们需要把市盈率的计算公式进行分解，得到价格 / 利润增长率（PEG）比率（市盈增长比率）。

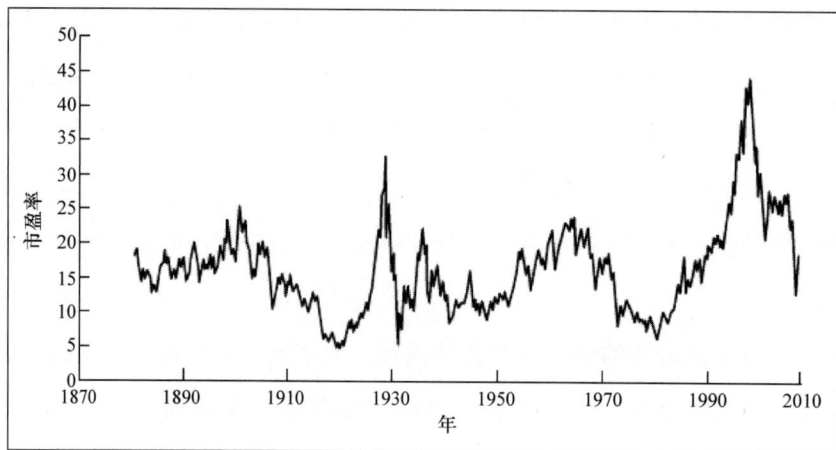

图 5-7　自 1880 年起标准普尔 500 公司市盈率图

——基于前 10 年通货膨胀调整后的平均收益

PEG 比率

PEG 比率的计算公式为

$$PEG = \frac{市盈率}{预期年盈利增长率}$$

- PEG 比率等于 1，表示市场赋予这只股票的估值可以充分反映其未来业绩增长的可能性。
- PEG 比率大于 1，意味着这只股票有可能被高估，或是市场认为这家公司未来的每股收益会大于其当前的预期。
- PEG 比率小于 1，意味着这只股票有可能被低估，或是市场认为这家公司无法达到期预期的每股收益增长率。

事实上，PEG 比率表示的是投资者为未来每个单位的盈利增长率需要支付多少。因此，通常来讲 PEG 比率能够对市盈率指标起到很好的解释作用。如果公司 A 的市盈率为 30，其预期年盈利增长率是 15%，则其 PEG 比率为 2。公司 B 的市盈率为 7，预期年盈利增长率是 2%，其 PEG 比率为 3.5。因此，公司 A 的股票会比公司 B 更具吸引力。

假设我们正考虑投资一只过去十年增长迅速的公司股票，例如谷歌公司。在 2009 年的时候，谷歌公司的市盈率水平为 47。与纳斯达克市盈率平均水平 30 相比较，可以很快地判断出谷歌公司的股票价值被市场高估了。当我们引入市盈增长比率这一概念后，整个局面都发生了逆转。谷歌公司的利润增长率为 33%，根据其 47 的市盈率，可以算出其 PEG 比率为 1.4，而纳斯达克的平均利润增长率为 15%，根据 30 这一平均市盈率，可以得出其行业 PEG 比率为 2。以 PEG 比率作为标准，可以推断出谷歌公司的股票被市场低估了。

相对市盈率而言，PEG 比率可以为当前股票估值提供更多有价值的参考意见。市盈率和利润增长率之间的关系比市盈率本身所包含的意义要深远得多。

PEG 比率的一个主要缺点在于其大小受预期的年盈利增长率影响很大，因此其数据的准确性有待进一步考量。

息税折旧摊销前利润乘数

> 息税折旧摊销前利润乘数反映的是公司价值与损益表中与现金流量最接近的衡量标准——息税折旧摊销前利润之间的关系。

息税折旧摊销前利润乘数（EBITDA multiples）反映的是公司价值与损益表中与现金流量最接近的衡量标准——息税折旧摊销前利润之间的关系。EBITDA 这一会计科目与公司现金流量是近似值，但是其具有两个独特的优点：其一，EBITDA 可以直接从损益表中获得；其二，EBITDA 相对稳定，不易随时间推移而发生改变。由于其与现金流量指标十分相似，并且相关数据很容易获得，EBITDA 乘数已经成为专业的投资者最常用的公司价值乘数。

EBITDA 基本乘数的计算公式为

$$\frac{EV}{EBITDA} = \frac{ROIC-g}{ROIC \times (WACC-g)} \times (1-T) \times (1-D)$$

式中：ROIC 表示投入资本回报率；

　　　g 表示增长率；

　　　WACC 表示加权平均资本成本；

T 表示税率；

D 表示折旧、摊销额占 EBITDA 的百分比。

EBITDA 的相对乘数计算公式为

$$\frac{EV}{EBITDA} = \frac{股本市场价值 + 净债务的市场价值 + 少数股东权益 + 养老金 + 其他要求权}{息税折旧摊销前利润}$$

相比销售收入而言，EBITDA 受会计准则的影响更多，但是和利润等其他会计科目相比，其受影响程度要相对少一些。EBITDA 乘数的优势还包括：

- 如同收入乘数一样，即使目标公司目前正处于亏损状态，只要其 EBITDA 大于零，EBITDA 乘数就可用。

- 在使用 EBITDA 乘数对公司进行估值时，由于其与现金流量大小近似，其估值结果应当与现金流量折现的估值结果类似。

- EBITDA 近似为公司在偿付债务之前的现金流量，使用 EBITDA 乘数可以对债务杠杆水平不同的公司进行对比。

- 鉴于 EBITDA 与现金流量指标相似，因此是兼并收购时（例如杠杆收购）对目标公司进行评估的有效工具之一。

另外，在使用 EBITDA 乘数时，注意以下几点也是非常重要的。

- 尽管 EBITDA 与现金流量很相似，两者并不是完全相同的。例如，EBITDA 是未考虑税收和营运资本变化这两个因素的，而这两个因素的变化有可能影响公司的价值，这一点在 EBITDA 乘数中是不能反映的。

- 公司未来发展所需的投入对现金流量和公司价值有着很大的影响，但是 EBITDA 乘数的计算中也没有考虑这一点。

- 除非使用历史或是预测数据来标准化当前的 EBITDA 数值，否则，只有在其大于零的情况下才能计算出 EBITDA 乘数。

从 EBITDA 的基本乘数运算公式中，我们可以看出 EBITDA 乘数受以下几方面因素的影响。

- **税收状况**。税率越高，EBITDA 乘数就越低。因此，有效地进行税务方面的管理有助于提高 EBITDA 乘数，使其超过正常水平。

- **资本成本**。公司的经营风险或是其财务风险越高，公司的资本成本也必然越高，这也就意味着公司的估值越低。即使是公司的综合杠杆水平比较低，但如果经营风险高，那么 EBITDA 乘数也会比较低。
- **折旧状况**。在公司的其他资本性支出不做出相应调整的前提下，单纯增加折旧额可以使 EBITDA 乘数相应地增加，因为折旧可以有抵税的效应。
- **业绩增长和资本支出**。如果相对于其可比公司而言，目标公司的业绩增长高于其他公司，或是其资本性支出少于其他公司，该公司的 EBITDA 乘数就会相应地高于同行。

营业自由现金流量乘数

营业自由现金流量（OpFCF）乘数反映整个公司的价值和其营业自由现金流量之间的关系。从纯现金流量到损益表中包括的现金流量的近似值，如税后净营业利润（NOPAT）或是 EBITDA，可供选择的现金流量乘数的计算依据有很多。纯现金流量更适用于麦肯锡现金流量折现估值法，其用于乘数估值有一个非常严重的缺陷。由于可能出现的非规律性的资本性支出和异常收支，纯现金流量每年的波动非常大，从而导致估值结果的波动也很大。此外，合理地估计所谓"现金流量趋势"也不是一件容易的事情。与纯现金流量相反，NOPAT 和 EBITDA 的主要问题在于其对会计准则非常敏感。一个相对折中的替换方法就是使用所谓的"营业自由现金流量"作为现金流量乘数的计算依据。

> 营业自由现金流量乘数反映整个公司的价值和其营业自由现金流量之间的关系。

营业自由现金流量的计算方式为 EBITDA 减去预计年再投资额，再减去所需要营运资金的变化额。OpFCF 的基本乘数运算公式为

$$\frac{EV}{OpFCF} = \frac{ROIC-g}{ROIC \times (WACC-g)} \times (1-T)$$

式中：ROIC 表示营业自由现金流量 / 资本总额；

g 表示增长率；

WACC 表示加权平均资本成本；

T 表示税率。

营业自由现金流量相对乘数的计算公式为

$$\frac{EV}{OpFCF} = \frac{股本市场价值+净债务的市场价值+少数股东权益+养老金+其他要求权}{息税折旧摊销前利润-年再投资额-营运资金变化}$$

营业自由现金流量与标准化的息税前利润或平滑稳定的现金流量的大小不相上下。营业自由现金流量是进行乘数估值的良好基础，使用营业自由现金流量乘数应该可以相当准确地估算出公司的价值。营业自由现金流量乘数具有以下几个优点：

- 相比于其他预测的现金流量，如 EBIT 或是 EBITDA，营业自由现金流量受会计准则影响而导致信息失真的结果较小。
- 作为现金流量乘数之一，营业自由现金流量乘数适用于不同可比公司之间进行横向对比。
- 由于营业自由现金流量比自由现金流量的稳定性更强，因此其更适合用于对历史数据的分析和公司发展趋势的分析。

营业自由现金流量的为数不多的缺点包括：

- 与前面所提到的所有乘数相同，计算公式中的分母必须是正数，也就是说 OpFCF 必须是正值。如果是小于零的 OpFCF，则需要人为地将其标准化，之后再做相应的运算。
- 计算过程相对复杂。

营运乘数

营运乘数（operational multiples）反映的是公司价值与一个特定的经营指标之间的关系，所谓的经营指标通常是在某种程度上与公司收入能力相关的变量。营运乘数的选择对于具体的行业或是行业中的某个领域有所不同，但必须是收入或是现金流量的一个主要的驱动因素。表 5-2 反映的就是不同行业中所使用的不同营运乘数。

表 5-2 一些行业中所使用的营运乘数

行业	乘数
传媒业	公司价值 / 用户数量
能源业	公司价值 / 千瓦时生产能力
旅馆业	公司价值 / 客房数量
通信业	公司价值 / 移动、固定线路、宽带、网络用户的数量
电子商务	公司价值 / 会员或是客户数量

我们可以为某一个行业或多或少地选出一些有用的数据，更重要的是，我们需要深入了解这一行业发展的驱动因素及创造自由现金流量和最终价值的因素。计算比率并不是一件困难的事情，理解整个行业以及关注哪些是营运价值的驱动因素才是需要格外关注的。

营运基本乘数的计算公式为

$$\frac{EV}{unit} = \frac{ROIC\text{-}g}{ROIC \times (WACC\text{-}g)} \times \frac{NOPAT}{unit}$$

式中：ROIC 表示投入资本的回报率；

　　　g 表示增长率；

　　　WACC 表示加权平均资本成本；

　　　NOPAT 表示税后净营业利润；

　　　unit 表示目标公司或行业适用的负载量。

营运相对乘数的计算公式为

$$\frac{EV}{unit} = \frac{股本市场价值 + 净债务的市场价值 + 少数股东权益 + 养老金 + 其他要求权}{产能或是创收单位数}$$

营运乘数常常用于为关键的业务元素提供早期的预测指标或是用来评估公司的战略性决策。例如，一家传媒公司决定要启用新的营销策略，新策略建立的新的客户群可能短时间内不会立刻对收入带来影响，但是从长远来看，一定会有所影响。因此，可以用客户群的数量或是客户群数量的增长作为早期指标来判断未来收入，预测新营销策略的效果。

营运乘数对于未来的收入或是潜在的现金流量有很好的预见性，因此还可以用于研究那些处于早期的项目或是公司的价值创造状况。

营运乘数还可用于比较同一行业的不同公司间的生产性资产（例如千瓦时）。这一价值同样也可以用资产的代替成本来进行比较。这里可以用到托宾 Q 模型。托宾 Q 模型是指在一个经济领域或是公司中资产的市值与资产代替成本的比率。该模型是一个能够有效识别收购机会的分析工具。例如，如果某行业的资产市场价值低于其重置资本，那么处于该行业的公司会更倾向于通过股票市场来获得所需资产，而不会选择在商品市场上购买所需资产。

> **托宾 Q 模型是指在一个经济领域或是公司中资产的市值与资产代替成本的比率。**

然而，使用营运乘数也有一定的困难，也存在着一些缺陷，具体如下。

- 营运乘数本身无法提供足够的信息来准确地为公司估值。对于问题中的变量如何能够产生价值需要有一系列隐性的假设。例如，我们也许不知道一定量的产品和服务能够为公司带来多少利润，因此我们可能无法通过营运乘数估算出每增加一个订阅者所相应带来的现金流量或是价值的多少。
- 营运乘数只能粗略地估算价值。因为决定公司价值的因素并不是资产，而是使用这些资产来创造经济价值的能力。在使用营运乘数时，我们实际上忽略了一些未决的管理决策可能造成的影响。
- 策略、定价、毛利或是其他因素的差异可能会导致同一行业不同公司的营运乘数存在着巨大的差异。

如何获得乘数估值中所需的数据

使用基本乘数法来对公司进行估值时，所需要的就是公司本年度的财务数据，这些数据可以很容易地在公司的网站或者其年度报告中找到。

使用相对乘数法来对公司进行估值时，需要知道市场是如何对可比公司进行价值评估的，或是需要了解行业的平均水平。这些数据可以在一些商业刊物中、一些金融网站的分析报告中或是一些特定的数据库中找到。此外，也可以在股票交易所的网站上找到有关上市公司市场价值的资料，然后基于公司自己的预测来进行估值计算。

小结

在本章中，我们详细介绍了基于比率的估值法，也叫作基于乘数的估值法。乘数可分为公司乘数和股本乘数。公司乘数是与公司价值相关的变量，而股本乘数则是与公司股本价值相关的变量。基本乘数和相对乘数也存在着差别，前者以公司的基本数据为运算依据，而后者则是根据另一个可比公司或是行业平均水平计算出来的。使用乘数的最大优点在于其简单易操作，且估值结果相对准确；最主要的缺点在于公司价值创造因素非常容易在使用乘数估值时被忽略，过分依赖于可比公司或行业平均水平的乘数。

此外，我们还强调了在使用乘数估值时，选择一个与目标公司相似公司的重要性，以及考虑到增长率、成本构成和边际利润率差异性的重要性。

之后，我们开始介绍一些最常用的乘数。

- **账面价值乘数**，反映的是公司股本的市场价值与公司账面价值之间的关系。通常来说，账面价值不是估算公司价值的好依据。但在一些行业中，公司固定资产是其未来收益和现金流量的决定因素，对于这样的公司使用账面价值乘数是有意义的。类似这样的行业包括银行、房地产公司和投资公司。

- **收入或销售额乘数**，可以表述为公司乘数（EV/sales），而不是股本乘数（P/sales），虽然两者经常混淆。收入乘数适用于初期的或是现金流、EBITDA 或净利润为负值的公司估值。

- **利润乘数**，市盈率反映公司的利润和其股本价值之间的关系，是当今社会使用最广泛的乘数之一。市盈率很容易理解，并且计算也很简单。因为上市公司当前及预测的利润在大多数情况下是很容易获得的。此外，几乎每个人都对市盈率有自己的看法，所以很容易彼此进行交流。然而，市盈率受会计准则的影响很大，所以并不能很好地预测公司的现金流量。

- **PEG 比率**，是公司市盈率和预期年收益增长的结合体。PEG 比率对于公司是如何基于其市盈率和利润增长率的关系来估值的这一点给出了很好的解释，其可用于两个增长率不同的公司间的对比。

- **EBITDA 乘数**，反映了公司价值与公司的 EBITDA 之间的关系。EBITDA 是公司损益表中最接近现金流量的指标，它与公司的现金流量非常近似却不像计算纯现金流量那么费力。因此，EBITDA 乘数是当今专业投资者最常使用的乘数。需要注意的是，使用基于 EBITDA 乘数估值非常接近基于现金流量的估值，但还是忽略了一些重要的方面，例如营运资本的变化。

- **营业自由现金流量乘数**，反映了整个公司的价值和其营运自由现金流量之间的关系。营运自由现金流量比 EBITDA 更接近现金流量。然而，这一指标需要进行计算，并且无法从损益表中直接获得。如果使用得当，营业自由现金流量乘数可以准确地体现出公司未来现金流量的真实价值。

- **营运乘数**，体现公司的价值与一特定的经营指标之间的关系，所谓的经营指标通常是在某种程度上与收入能力相关的。运营乘数的选择对于具体的行业或是行业中的某个领域会有所不同，但必须是收入或是现金流量的一个主要的驱动因素。营运乘数通常用于新公司的发展决策或是评估公司战略决策的结果。

在接下来的一章中，我们将详细介绍麦肯锡现金流量折现模型，并展示如何应用该模型对公司估值。

第 6 章

现金流量折现估值

本章要点

- 估算资本成本——加权平均资本成本

- 计算自由现金流量

- 计算终值

- 折现和公司价值

- 现金流量折现分析中最重要的变量

- 现金流量折现方法——仅仅是计算工具

- 检查模型假设

- 小结

现金流量折现模型是最常用并且可独立使用的估值模型。现金流量折现模型有很多种不同的类型，在这些模型中，最常用到的一种叫作麦肯锡模型，它最早是由汤姆·科普兰（Tom Copeland）、蒂姆·科勒（Tim Koller）和杰克·默林（Jack Murrin）于1990年在《公司价值的衡量和管理》（*Valuation- measuring and managing the value of companies*）一书中提出的。这本著作已经或多或少地在现金流量折现估值中被视为圣经一般，我们推荐那些想深入了解麦肯锡模型的读者去阅读这本《公司价值的衡量和管理》。

麦肯锡的DCF模型是典型的可独立使用的估值模型。当然也存在其他的模型，例如思腾思特咨询公司提出的经济增加值（EVA）和波士顿咨询集团开发的投资现金流回报率（CFROI）。这些模型在某些方面与麦肯锡模型相似，甚至在某些特定的假设条件下，这些模型与麦肯锡DCF模型的表现完全一致。在本书中，我们会着重详细介绍麦肯锡现金流量折现模型，因为这一模型是专业评估师使用最多的，并且在大量行业和不同的价值评估状况下被证明是有效的模型。

麦肯锡模型同其他所有的现金流量模型一样，其背后的主要思想在于公司当前的价值等于将未来所有现金流量用一个可以反映这些现金流量内在风险水平的折现率折现后的总额。换句话说，评估者所需要做的就是逐年预测公司未来的自由现金流量以及与这些现金流量相符合的风险水平（也就是计算折现率），然后将所有未来现金流量折现到当前来对目标公司进行估值。

那么，为什么现金流量模型，特别是麦肯锡现金流量折现模型如此流行，并且被如此广泛地使用呢？原因有以下几点。

- 首先，这一模型从理论上讲是"正确的"，并且与财务理论和其他用于资本市场的模型，例如资本资产定价模型（CAPM）和货币的时间价值，是相互匹配的。事实上，大多数的金融院校对这一模型都很推崇，这也使得人们对这一模型给予了很高的认可与评价。

- 其次，DCF 模型对公司价值进行评估的过程很符合实践中资本市场对公司价值评估的方法。评估模型对公司的理论价值做出了很好的估计，如果是上市公司，我们还可以得到实际价值与理论价值的比较。因此，一个有用的估值模型所估算的理论价值必须能在一定程度上反映资本市场的估值。

- 再次，从理论上讲，DCF 模型对于所有公司都适用，从发展迅速的小公司到成熟的跨国大公司。

- 第四，DCF 模型不受所谓的报表粉饰的影响，所谓报表粉饰就是在合理范围内人为地篡改或操纵报表数据，使公司财务报表从表面上看起来更具吸引力。DCF 模型只关注现金流量，任何不影响现金流量的会计准则都不会对 DCF 模型造成影响。

- 第五，DCF 模型的使用需要评估者对企业以及目标公司所处的行业有深入的了解。这就意味着，评估者需要深入调查能够在公司或整个行业创造价值的基本因素。乘数法估值则不需要进行如此深入的调查，例如基于相对乘数或是净资产的估值，很容易由于缺乏内部的洞察力而导致估值结果出现偏差。

必须要记住一点，利润不能代表现金流量。正如前面所提到的，利润很容易受各种会计准则所影响，如表 6-1 中的例证所示。

表 6-1　利润不一定反映现金流量

会计年度 2009	H&M	可口可乐	IBM	阿斯利康
每股收益（EPS）	19.8	2.95	10.01	5.19
每股现金流量（FCF）	11.14	1.75	10.55	7.28
FCF/EPS	56%	59%	105%	140%

在使用 DCF 模型进行估值时，花费一定的时间和精力关注基础分析是非常必要的。

在对 DCF 模型进行更深入的研究讨论之前，必须指出一点，DCF 模型本身可以被看成是一个计算器，一个单纯的依靠一个输入就能产生一个数值的机器，模型本身可以输出任何我们所期望的数值。因此，使用 DCF

模型估值最困难的地方并不在于如何去创建这个模型，而在于如何综合公司及其行业未来的发展规划，对应选择相应的输入变量。即使是对经验丰富的公司价值评估专业人员来说，这一点也是很大的挑战。因此，在使用 DCF 模型进行估值时，花费一定的时间和精力关注基础分析是非常必要的。

接下来，我们会将麦肯锡 DCF 模型分成四个部分来逐一进行分析。

1. 估算资本成本——加权平均资本成本（WACC）。

2. 计算自由现金流量。

3. 计算终值。

4. 折现并计算公司价值。

估算资本成本——加权平均资本成本

正如前文所描述的，通过现金流量折现模型所计算出来的公司价值是其所有未来现金流量现值的总和。因此，我们需要做的第一件事就是计算未来现金流量折现所需要的资本成本，也就是所谓的折现率（discount rate）。折现率要能够反映预测的未来现金流量的内在风险。计算一家公司资本成本的方法有很多种，加权平均资本成本（WACC）法是目前最常用的方法。WACC 的计算公式为

$$WACC = \frac{E}{D+E} \times C_E + \frac{D}{D+E} \times C_D \times (1-T)$$

式中：E 表示股本的市场价值；

D 表示债务的市场价值；

C_E 表示股本成本；

C_D 表示债务成本；

T 表示所得税税率。

WACC 是一个理论上合理并且正确的计算资本成本的方法，它的计算步骤可以分为以下三个部分：评估目标公司的资本结构；计算股本资本融资的成本；计算非股本融资的成本。

目标资本结构

"资本结构"这个术语是指公司如何为其经营筹集资金。通常来说，资金的筹集是通过内部的现金、股本或是债务来完成的。资本结构分析的核心在于研究公司的负债权益比率，即负债 / 股本比率（debt/equity ratio）。

公司股东和管理层团队在决定公司负债 / 权益比率的时候，通常需要考虑两个完全相反的因素。一方面，债务的风险低，因此其使用成本低于股本，所以债务是一种特别而又比较有吸引力的融资方式。此外，通过债务融资所支付给投资者的利息通常是可以抵税的。所以债务使用得越多，公司的资本成本越低，相应的股本回报率就越高。另一方面，公司管理层还需要平衡经营风险和财务风险。如果是处于起步期的高新技术公司，其经营风险比较高，同时公司的现金流量也不太稳定。作为公司管理者，此时就不能增加资产负债表中的债务，防止财务风险的增加。这样平衡的行为通常是伴随特定行业产生的，是被普遍认知的。例如，房地产公司的杠杆效应非常高（换言之其经营风险相对低），而有着相对较高经营风险的时尚公司其杠杆效应通常会比较低。图 6-1 体现了不同行业间的资本结构状况（负债 / 权益比率）。

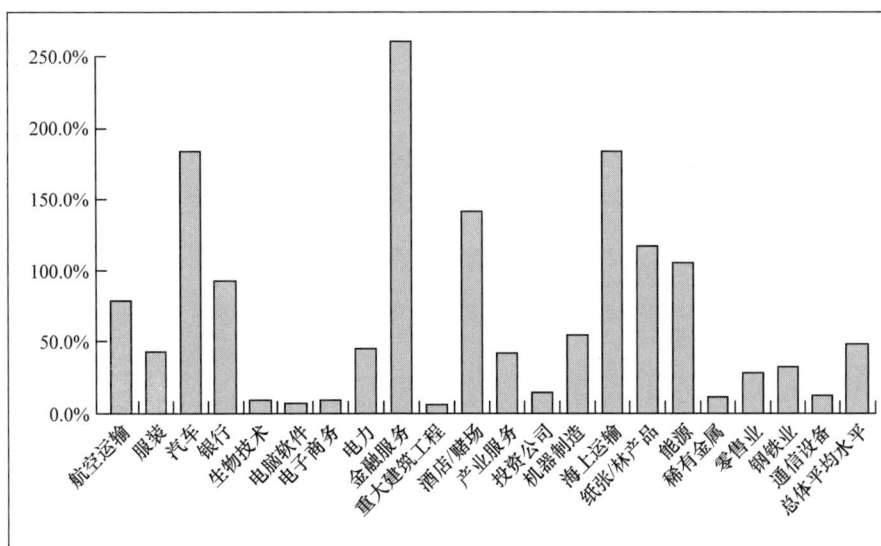

图 6-1　不同行业基于 2010 年第一季度市场价值的负债 / 权益比率

决定 WACC 的第一步在于对目标公司的资本结构状况进行评估，这一步可以通过以下几个步骤完成。

第一步，建立基于市场价值的公司资本结构；

第二步，可比公司的资本结构。

第三步，在公司金融政策及管理层发展策略基础上确定公司未来可能的资本结构。

第四步，公司的资本结构应当既能使公司加权平均资本成本达到最低又能享受足够多的利息抵税，并同时保证经营风险与财务风险的平衡。

公司目前的资本结构需要使用不同类型资本的市场价值，而不是账面价值来计算得出。在公司发行的股票和债券都是公开交易的情况下，这一计算并不复杂，而且还相当准确。但是在很多情况下，市场价值是非公开的。虽然如此，我们仍然有一些办法来处理这样的状况。

首先需要寻找公司近期发行的债券和股票交易价格作为这项债务或股票市场价值的代表。如果这项交易是近期发生的，这就为市场价值提供了很好的近似值。另一个估算债务市场价值的方法是计算这项债务未来所有支出的净现值，包括债务的每一笔利息和最后应付本金的价值。

评估者同样需要查看可比公司的资本构成状况，如果同行业中不同公司的资本结构存在巨大的差异，评估者就需要搞清楚差异出现原因。造成差异的原因可能是由冒险的扩张策略而引发的经营风险的不同、保守的财务管理者或是其他原因。在确定目标公司资本结构时，所有的投入都是有价值的。

重新审视公司管理层所制定的明确或是隐含的发展目标及发展策略。这一做法将提示公司资本结构会如何随时间的推移而发生变化。如果公司有收购计划，为了完成收购，公司债务将会很明显地增长。正如前文所提到的，管理者会试图平衡公司的经营风险和财务风险。因此，我们可以得出这样一个结论：一个相对冒险的战略决策很可能伴随一个不那么激进的资本结构（比较少的债务）。

利息保障倍数等于收益的金额除以利息支付的金额，例如息税前利润 /（利息支付 + 必须支付的优先股股息）

最终在决定目标公司资本结构时还需要指出的一点是，计算负债 / 权益比率。这一比率要能够为目标公司提供最低的加权平均资本成本（WACC），最令人满意的利息保障倍数

和经营 / 财务风险比率。利息保障倍数是指可以用来支付利息的收益，需要能够在公司处于下坡期或是遭遇外部意外事件时拥有支付利息的安全边际。例如，为了能被信用评级部门将公司的债务划分在安全的"投资等级"中，利息保障倍数需要至少保持在 2 以上。当然，利息保障倍数越接近 1，该投资违约的风险就会越高。利息保障倍数因此是衡量财务风险的一个指标，倍数越低，其投资的风险就越高。这一风险应该与公司的经营风险相互平衡。例如，现金流量不稳定，且处于高速增长期的生物技术公司，其利息保障倍数要高于有稳定的历史数据和未来现金流量处于成熟期的公司。

基于以上的四种分析资本结构的方法，我们应该可以为目标公司确定一个合理的资本结构。

资本成本——股本融资

股本成本，即股东对其投资所要求的回报率，是指公司从外部投资者那里吸引到额外的权益投资所需要支付的成本。换句话说，这是投资者将资金特定地投入到这家公司而不是其他地方所要求的回报率。因此，它可以看作是股本投资者的机会成本。股本成本由两部分组成，即投资者在无风险投资中所获得的无风险利息和投资者向公司投资后所获得的与其风险水平相匹配的额外收益。计算股本成本的方法有好多种，但是最常用和最为人熟知的方法是资本资产定价模型（CAPM）。下面的公式向我们展示了如何使用资本资产定价模型来计算股本成本。

CAPM：股本成本 = 无风险回报率 +（市场风险溢价 × β 系数）

- 无风险回报率通常是指政府债券回报率或是与投资者投资具有相同存续期的公司所在国家的国库券的利率。鉴于股本投资通常会是相对长期的投资，无风险回报率通常会选择长期债券作为参考。我们推荐使用 10~15 年的政府债券，因为期限过长的债券，例如 30 年，其资产流动性受限较多。
- 市场风险溢价通常是指相对于较安全的投资（例如政府债券）而言，相对有风险的投资（例如股票）所得到的平均风险溢价。根据历史数据来看，股票交易的风险溢价徘徊在 2.5%~4.5% 之间，但是这一数据应当根据市场状况进行适当的调整。每一年都会有关于不同行业的市场溢价的调查，因此可以很容易地找到本地市场更新的数据。

- β 系数是表示伴随着目标公司的系统风险或是公司特定风险而存在的指标。如果 β 系数大于1，表示公司风险和收益水平（波动率）高于市场平均水平。如果 β 系数小于1，表示公司风险和收益低于市场平均水平。如果目标公司不是上市公司，想要决定或预测其 β 系数是比较困难的。在此情况下，解决的办法就是使用具有相同特征的可比公司的 β 系数。如果可能，可以选取与目标公司相关的行业 β 值。

资本成本——非股本融资

非股本融资的成本或是支付给债权投资人的债务成本，也是公司想要从外部吸引更多的资金所需要支付的成本，首先是从银行，其次是从其他的贷款机构。这部分成本是指借款人借款给公司后公司所要支付的利息。需要注意的是资本成本是按照债务的市场价值来计算的，而不是简单地通过将利息费用除以资产负债表里面负债的账面成本算出的。非股权融资资本成本可以通过以下公式计算得出

非股权融资资本 = 无风险回报率 + 合理的风险溢价

如果公司在近期借入了资金，付给这笔资金的利息就是公司债务成本最好的衡量标准。如果估值的目标公司最近没有类似的资金交易，还可以查找同行可比公司的交易记录，使用它们的利息率作为评估公司的非股权融资成本。

很明显，计算公司的债务成本是相对简单的。然而，上面的公式要求对债务进行适当的标准化。如果公司的资本结构相对复杂，使用一些其他的计算方法也是必不可少的。例如，在复杂的资本结构中，公司使用了更复杂的利率结构、外币贷款、可转换债券或是夹层融资等。这些类型债务成本的计算方法超出了本书所涵盖的范围，建议感兴趣的读者参阅本书最后部分的"延伸阅读"。

另一种估算股本成本的方法——资本资产定价模型与股本成本估算

正如前面所提到的，CAPM 是一种从理论上讲正确的股本融资成本的估算方法。但是其计算方法非常烦琐，并且很难在实际中加以运用，特别是对于一些小公司或者

是没上市的公司。因为 CAPM 的计算方法不仅需要股本的市场价值信息同时还需要 β 系数，想要得到这些数据对于未上市公司而言是非常不容易的。

评估这种类型公司的第一个捷径就是借用可比上市公司数据，用这些公司的 β 系数同样可以为我们提供一些可接受的近似值以供参考。

如果所需的数据无法找到，我们手中还有第二个捷径来估算股本融资成本，这一方法被称为估算的股本成本（estimated cost of equity，ECE）。估算的股本成本从下面四个变量中得到：股票的一般市场折现率；同行相似公司的折现率；处于相同阶段公司的折现率；目标公司特定的风险水平，例如未来现金流的风险状况。

在此状况下，我们也许可以不使用 CAPM 的公式就能间接地估算出一个恰当的股本成本。

当进行股本折现率的估算时，市场折现率可以作为起点。我们可以使用下面的公式

市场折现率 = 无风险利率 + 市场风险溢价

无风险利率是指在给定期限内从一个无风险的投资中所获得的利息率。通常来说，无风险利率等同于政府发行期限相同债券的利息率。推荐使用 10 年的政府债券作为标准。2010 年 6 月，10 年期政府债券在欧洲的利率为 3.8%，而在美国则是 3.3%。

市场风险溢价是指投资者所要求的投资市场平均水平股票的回报率。很清楚，投资股票的风险高于投资政府债券，因此投资者会要求更高的回报率来补偿其承担的高风险。在欧洲，过去 10 年的市场风险溢价在 2.5%~4.5% 之间（Damodoran，2009 年 12 月）。因此，反映股票市场上投资风险的市场股本成本也可称为市场折现率，一般在 6%~8% 之间。

第二个参数需要参考同行可比公司的折现率。投资银行的分析师是如何估算它们的风险的呢？可比公司与我们的目标评估公司是否有差异，差异在哪里？如果所承担的风险高，折现率相应地是否也要有所提高？

如果我们从资本成本范围的一端开始讨论，假设无风险利率是 3.5%，这个值代表的是最低的资本成本。另一个极端是一家早期高速增长的小公司，其伴随的风险要明显高于无风险利率或是有稳定资金流的一家成熟的公司。例如，风险投资公司为处于起步阶段的公司的股本投资，基于公司所处的阶段及投资金额，所要求的回报率通常在 30%~70% 之间。这些公司通常没有什么债务，银行通常也不会放贷给它们，因为

其缺乏足够的现金流量，此时公司的资本成本和股本成本是一样的。对于此类公司，我们可以安全地假定公司资本成本在其极端值中的某个位置。

对于一个假定的公司，如表 6-2 所示的一些参数可以为我们估算资本成本时提供一些参考。

表 6-2　投资回报率对应值

无风险回报率	对股票市场投资的一般要求回报率	一组可比公司的平均回报率	最具可比公司的回报率	本地区风险投资要求的回报率
3.5%	7%	15%	18%	40%

最后，我们还需要基于所估算的股本成本（ECE）再做加权平均资本成本计算（WACC）。对于一些处于刚刚起步阶段的公司而言，估算其股本成本等同于估算加权平均资本成本，因为这些公司通常没有债务，WACC 等式中与债务相关的那一部分计算结果为 0。

为了估算公司特定的风险，我们需要对公司的最基层、最基本的经营活动进行分析研究，同时还需要分析影响公司成败的关键价值驱动因素。这些因素等同于公司的价值源泉，是用来预测公司未来现金流量的基础。在第 7 章中，我们提供了一个模型用来分析公司的活动、环境和其他的关键价值驱动因素。

当使用估算的股本成本（ECE）时，运用敏感性分析来检查估算结果是否合理是非常有效的。例如，同时运用评估者认为合理的最低折现率和最高折现率来对公司进行估值。这样的估值结果就是公司价值可能存在的合理范围。

计算自由现金流量

计算自由现金流量意味着计算可以满足公司股东权益和债权人要求权的现金流量，这也是归属于全部利益相关者的现金流量。需要注意公司披露的净利润与自由现金流量之间是有所差别的。净利润包括的一些会计科目，例如折旧、递延税负债，这些都不会影响到公司的自由现金流量。因此，公司报告的净利润和自由现金流量是完全不同的概念。

> 计算自由现金流量意味着计算可以满足公司股东权益和债权人要求权的现金流量。

在计算自由现金流量时，通常需要将公司的未来分成两个阶段——明确预测期阶段和终值阶段，后者也常被称为隐性预测价值期。在明确预测期阶段的少数几年中，现金流量的预测有一定的准确性，而且是逐年来进行预测。在终值阶段，想要逐年预测现金流量是很难也很耗费时间的，因为我们想要预测的是未来很久之后发生的情况。所以通常会计算一个终值，其等同于明确预测期后到无穷期间的自由现金流量现值。公司价值的计算最终可以表达为

> **公司价值=可明确预测期公司现金流量的现值＋可明确预测期后（终值期）公司现金流量的现值**

可明确预测期的长短取决于公司自身、行业状况及整体的经济形势。在计算终值时，我们会使用一个稳定的增长率并假定这一增长率会一直持续到期末，也称为永续增长率。因此，可明确预测期必须持续到增长率可以达到稳定不变的那一年。例如，假定目标公司的增长率在 6 年内都处于无规律状态，那么可明确预测期就需要从第一年开始一直持续到第 6 年。

另一个限定可明确预测期长短的因素是我们对成长率的估计。只要成长率高于加权平均资本成本，就可以进行明确的价值预测估算。这就意味着，如果我们假设目标公司的成长率在第 7 年到第 12 年是 15%，资本成本是 12%，那么在这几年中目标公司的现金流量同样应该被视为是可明确预测的，因此不能简单地包括在终值里进行计算。然而随着预测期的增加，时间越久，预测的准确度就越低，因此可明确预测期超过 10 年的状况是很少见的，我们也不推荐这样做。相反地，连续多年增长率都很高的公司，预测期可以分成三阶段来进行，我们会在随后的部分再继续讨论这个问题。

当公司的增长率持续稳定地接近国民生产总值（GDP）增长水平时，就可以开始进入终值期进行评估。公司最后一个阶段的成长期通常被认定为是稳定时期。公司的这一时期会根据公司和行业的不同而有所不同。有些公司在三年后开始，有些则是 8 年后，还有些会在 15 年后，对此并没有一个标准化的衡量方法。

在计算逐年的现金流量时，要从公司当年的损益表和资产负债表中的数据开始，然后根据需要调整账面数据，使其变成"真实的"数据来反映公司的现金流量状况。

特定年度的自由现金流量的计算步骤如下所示：

> \+ 息税前利润（EBIT）
>
> – 基于 EBIT 的现金所得税
>
> – 资本性支出
>
> \+ 折旧
>
> +/– 营运资金的变化
>
> = 自由现金流量

换句话说，我们需要知道如下五个变量才能计算出自由现金流量。

1. 息税前利润（EBIT）。

2. 基于 EBIT 的现金所得税。

3. 资本性支出。

4. 折旧。

5. 营运资金的变化。

下面，假设我们已经有了相关年份预测好的损益表和资产负债表。我们所需要的五个变量中的息税前利润可以直接在损益表中找到，因此不需要任何计算或是分析。

第二个变量是计算基于 EBIT 的现金所得税，在麦肯锡模型中，其计算方法如下：

> 根据损益表中的数据计算出的所得税
>
> \+ 支付利息所获得的相应所得税抵扣（计算方法为利息支出额 × 公司税率）
>
> – 利息收入所得税（计算方法为利息收入 × 公司税率）
>
> – 营业外收入所得税
>
> = 基于 EBIT 的现金所得税

需要注意的是，基于 EBIT 的现金所得税通常都会比损益表中列示的所得税高。这是因为基于 EBIT 的现金所得税不受财务结构的影响，而很多公司由于负债所享受的税收抵扣并不影响其 EBIT 的现金所得税。在麦肯锡模型中计算加权平均资本成本时也同时考虑了税收抵扣的影响（参看前面部分），这样会使得 WACC 降低。相应地，现金流量的现值和公司价值也会有所增加。

第三个变量是资本性支出，简单来说是指公司存货和机器设备的投资，需要强调的是这些投资是发生在当年，并且会影响到当年的现金流量。如果投资科目没有单独进行列示，则可以通过本年度及上一年资产负债表中的固定资产净值差额，再加上本年折旧来计算资本性支出。

第四个变量是折旧。如果公司已经进行了固定资产投资，也就会逐年产生折旧。折旧是一种会计做账技术，它将投资成本在资产的经济寿命内进行分摊，维持投资损耗的均衡。然而，现金流量只在投资发生的当年受到影响，折旧并不是现金流出。这一理论对于任何形式的折旧，包括商誉减值，都成立。当收益的基准是息税前利润时，计算自由现金流时就要将折旧加回来。折旧对现金流量的影响，在计算税收时也同样需要进行考虑。

第五个变量是营运资本的改变。营运资本是指与流动资金、消费者信用、存货、赊销和赊购间的净额及其他无息债务相关联的资本。伴随着公司的成长，其营运资本也会有所增加，由此会减少自由现金流量，然后影响公司价值。营运资本的变化对自由现金流量产生的影响，其计算方法如下：

> 流动资金的增加（＋）/ 减少（－）
>
> 应收账款的增加（＋）/ 减少（－）
>
> 存货的增加（＋）/ 减少（－）
>
> 应付账款的增加（＋）/ 减少（－）
>
> 其他无息经营负债的增加（＋）/ 减少（－）
>
> 营运资金的变化——增加（＋）/ 减少（－）

在可明确预测期，每一年都需要计算营运资本的变化。营运资本的增加意味着公司自由现金流量的减少，反之则意味着公司现金流量的增加。有技巧性地对营运资金进行管理通常也是非常宝贵的价值创造机会，因此是不能被忽视的。

> **有技巧性地对营运资金进行管理通常也是非常宝贵的价值创造机会。**

最终，我们通过计算得到逐年的自由现金流量，只需要用下面的公式来将这些现金流折现到当前即可。

> 可明确预测期内 FCF 的现值：
>
> $$FCF = \frac{FCF_1}{(1+WACC)^1} - \frac{FCF_2}{(1+WACC)^2} + \cdots + \frac{FCF_t}{(1+WACC)^t}$$

式中：FCF_1 是第一年的现金流量；

FCF_t 是未来第 t 年的现金流量；

WACC 是加权平均资本成本；

t 是表示可明确预测期间的年数。

现在，我们已经有了可明确预测期的公司价值，想要计算出整个的公司价值，我们还需要从可明确预测期到之后无穷年的所有自由现金流量的现值（也就是终值）。

计算终值

我们已经计算了明确预测期内公司的自由现金流量，现在我们要开始考虑从可明确预测期最后一年开始到无穷期的自由现金流量，将所有的这些自由现金流量折现到当前，这个价值就叫作"终值"或者是"持续价值"。

当这个计算一直延伸到未来很久之后，想要做到精确就变得非常困难了。然而这样的计算仍然非常重要，因为公司的绝大部分价值都来自终值。公司价值中的70%~80% 都是源自其终值期的计算，这样的现象是很常见的。

使用一个相对较长的可明确预测期而不是过早地使用终值技术，从理论上来说也是可行的。可明确预测期在这样的情况下可以延长至 50 年，自由现金流量在此情况下可以逐年预测 50 年。如果在这样的状况下，可明确预测期后（50 年之后）的自由现金流量折现值就会变得非常小，甚至是可以忽略不计的。然而，想要准确并清楚地预测未来那么长的一段时间，是非常困难甚至不现实的一件事情。因此，使用终值技术来间接地估算从稳定增长出现的第一年起到之后无穷年间的自由现金流量的方法大体上来说是可取的。

终值的计算可以分为以下三个步骤：

1. 估算从终值开始的第一年起到之后无穷年间的稳定的持续增长率 g。

2. 使用估算的可明确预测期最后一年的自由现金流量乘以持续增长率（1+g）。

3. 使用恰当的折现率并减去持续增长率。

终值可以通过如下公式进行计算：

$$TV = \frac{FCF_{t+1}}{WACC-g}$$

式中：FCF_{t+1} 等于可明确预测期后第一年的自由现金流量；

  t 表示可明确预测期的年数；

  WACC 表示加权平均资本成本；

  g 表示未来期间自由现金流量的期望增长率。

需要注意的是，确定从哪一年起自由现金流量开始按照恒定的比率增长是很重要

> **通常，终值占公司总价值的很大一部分**。

的，也就是上面的公式中要运用的那一年的现金流量。因为终值的计算是基于可明确预测期最后一年的现金流而得出的，占公司总价值的很大一部分。

另一个对价值有很大影响的变量是永续增长率的确定。增长率的大小对终值有巨大的影响，相应地也会对整个公司的价值有很大影响。从长远的角度看，行业的增长率不会超过 GDP 的增长率，整个行业的增长率应该与 GDP 增长率持平。例如，欧洲通货膨胀的目标被设定在 1%~2% 之间，但是从 1980 年起到 2009 年期间，无通货膨胀的 GDP 增长率为 3.46%（资料来源：International Monetary Fund），也就意味着对于许多公司而言，其长期的名义上的增长率很可能徘徊在 4.5%~5.5% 之间。不同行业的长期增长率会有所不同，但是想要超过 GDP 的增长率是非常困难的。

以上的公式告诉我们如何计算在 t 年时的终值，也就是说可明确预测期的最后一年的价值，而不是当前的价值。为了能够计算出当前的终值，换句话说就是可明确预测期后的所有自由现金流量的现值，还需要从可明确预测期期末折现到当前，所使用的公式为

$$TV_0 = \frac{TV_1}{(1+WACC)^t}$$

这样计算出的价值就是所谓的终值现值，相当于从可明确预测期之后到无限期的所有自由现金流量合计的现时价值。

对于经历高速发展的公司的第三个阶段

正如前文所提到的，传统的 DCF 模型要求将现金流量折现的估值分成两个阶段：可明确预测价值阶段和终值阶段。对于一些快速增长的公司而言，简单地将其分为两个阶段有些不切合实际。具体原因包括：终值计算期的增长率需要是恒定的，这是一个需要考虑的问题。这可能涉及必须把非常快速的增长率变成较慢速稳定的增长率。这一现象不能真实地反映出高速增长公司的实际状况，很可能公司会在几年中经历一个非常快速的增长期，随后的几年会有一个高于长期永续增长率的增长期，最终才达到一个长期的能维持恒定的增长率。这种情况下的估值相应地就应该分成三个阶段。

当使用包括中间阶段的第三个阶段时，只要计算结果是令人满意的并且有效果的，可明确预测期对公司的估值就应当服从于其精准性和可控制性。接下来的一个时期，增长率高于长期稳定增长率时期，同时也高于预估的资本成本。在此期间（也就是通常所说的高速增长期），高速发展公司假定其增长率可以稳定地高于长期的永续增长率。这一阶段，只要假设在合理范围内，公司将会经历高速增长期。可用如下公式计算

高速增长期的自由现金流量（FCF）的现值

$$FCF_0 = \frac{FCF_t \times g_{t+1}}{(1+WACC)^{t+1}} + \frac{FCF_{t+2} \times g_{t+2}}{(1+WACC)^{t+2}} + \cdots + \frac{FCF_{t+z} \times g_{t+z}}{(1+WACC)^{t+z}}$$

式中：FCF_t 表示可明确预测期最后一年的自由现金流量；

t 表示可明确预测期的年数；

g 表示目标公司的年增长率；

WACC 表示加权平均资本成本；

z 表示高速增长期的年数。

从公司达到其长期永续增长率的年度开始，我们就可以使用之前提到的方法来计算终值。需要注意的是用于计算终值的现金流量是高速增长期最后一年的现金流量，而不是可明确预测公司价值期最后一年的现金流量。

折现和最终公司价值

最终，为了计算所有未来自由现金流量的现值，需要将从可明确预测公司价值

期、可能存在的高速增长期和终值期所得到的自由现金流量折现值相加。此外，在折现到当前后，还需要加上所有其他非营业现金流量，如图 6-2 所示。

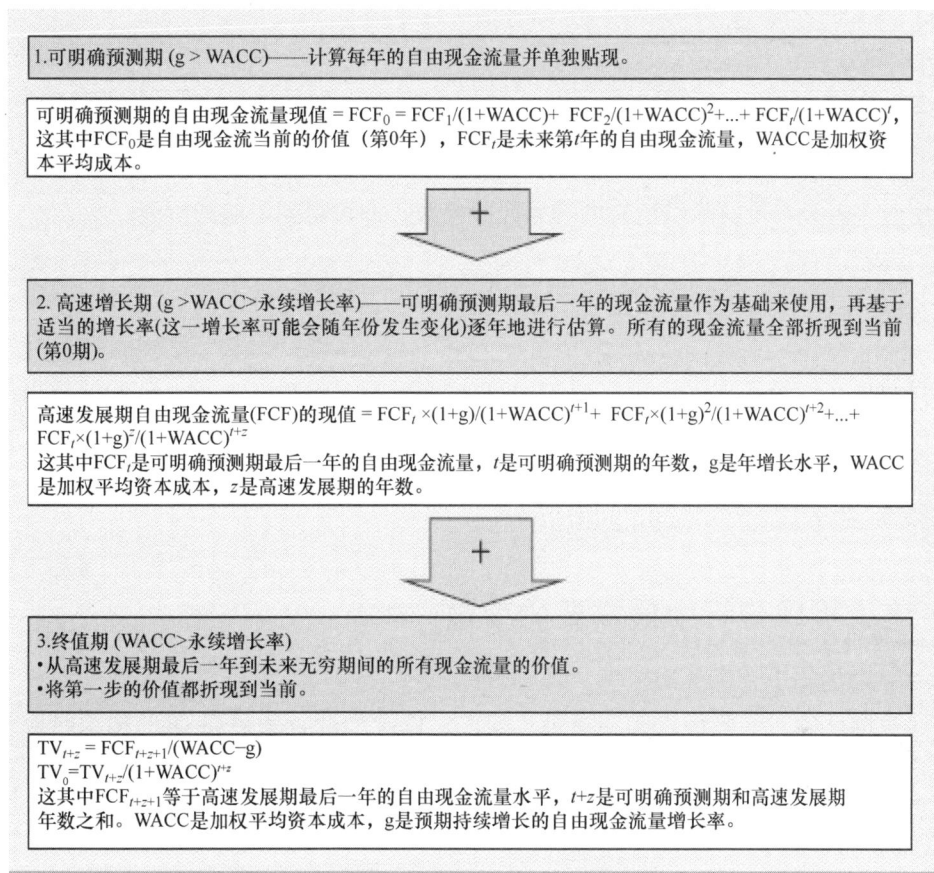

图 6-2　如何将三个时期的值相加

图 6-2 中的表述也可以表达如下

> 可明确预测期的所有自由现金流量折现之和
>
> ＋高速增长期的自由现金流量折现价值（如果决定使用这一方法）
>
> ＋终值的现值
>
> ＋/– 非营业自由现金流量现值
>
> ＝所有自由现金流量现值　＝公司资产的价值＝公司价值

现金流量折现是从公司总资产中获得未来现金流量的现值。由于公司估值的目的常常是为了计算股东股本价值，换句话说是计算属于公司所有者的那部分价值。股东

股本价值是公司价值减去公司债务的市场价值。其计算公式为

> 所有自由现金流量现值（即公司价值）
>
> － 附息债券的市场价值
>
> ＋ 非营业资产
>
> ＝ 股本价值 ＝ 属于公司所有者的价值

用所有者股本价值除以所有的普通股股票数，即可得到每股的价值。

$$每股价值 = \frac{股本的市场价值}{公司所有的股份数}$$

我们现在已经完成了一个完整的 DCF 估值模型，包括在本章一开始就提出的所有的步骤。由此评估所得到的价值是公司理论上的市场价值，这个估值建立在合理的假设和预测的基础上。

现金流量折现分析中最重要的变量

读者也许会问哪些输入的变量是重要的，以及当准备要运用 DCF 估值时应当把准备的重点放在哪儿。之前，我们提到了五个影响自由现金流量的变量，即资本性支出、税收、折旧、营运资本的变化和息税前利润（EBIT）。

在上述五个变量中，对于大多数公司而言 EBIT 对公司价值的影响是最大的。关于 EBIT 的分析，其本质上是与公司销售收入的分析相联系的。这是因为，和预测公司的收入相比，预测公司成本会更容易一些。成本相对于收入而言，是在公司管理者可控范围内的，而收入则常常会被一些外在的因素影响。因此，成本的预测通常会更准确一些。相应地，在预测未来现金流量的时候，收入趋势和预测收入增减是最重要的变量。

分析长期的收入趋势是非常重要的，因为公司价值的大部分都源自其终值期间。

除了收入预测外，还有另外四个方面需要我们格外关注。

第一，收入与营运资金变化的历史关系，并预测这样的变化以后会如何发展。

第二，可明确预测期最后一年的息税前利润。

第三，终值期内息税前利润的增长率。

第四，资本成本。确保它能够真实地反映可预测现金流量中包含的内在风险。

表 6-3 反映了当这些关键的变量产生变化时（假定其他变量是不变的）是如何影响公司价值的。从表 6-3 中可以看出，即使是上述变量中很小的一点点改变，都会对公司价值产生很大的影响。换句话说，尽可能准确地对这些变量进行预测是极其重要的。这些变量由公司的内在经营状况、优势、劣势、机遇和其所面对的挑战决定。

表 6-3　关键变量及其对终值的影响

	WACC（%）	FCF_t	FCF_g（%）	终值	占基本方案价值比例（%）
基本方案	15	40 822	5	408 220	100
方案 1	15	45 000	5	450 000	110
方案 2	15	35 000	5	350 000	86
方案 3	20	40 822	5	272 147	67
方案 4	10	40 822	5	816 440	200
方案 5	15	40 822	10	816 440	200
方案 6	15	40 822	3	340 183	83

FCF_t 是可明确预测企业价值期最后一年的自由现金流量；FCF_g 是自由现金流量的永续增长率，WACC 是加权平均资本成本。

现金流量折现方法——仅仅是计算工具

正如前文所提到的一样，麦肯锡现金流量折现模型，连同其他的估值模型一起，都仅仅只是一种计算工具，通过模型得到的值完全取决于我们输入的变量。这意味着什么呢？这一理论试图让大家相信，如果所提供的计算没有错误，也没有在技术上出现任何问题，通过这些模型，我们或多或少可以得到一个相对准确的公司价值。这个价值完全取决于输入的变量是怎么预测和处理的，模型本身只是将基本的输入变量转变成依照模型得出的价值计算结果。

因此，只要估值模型是正确的，估值结果其实是次要的。为了决定模型所需要的输入变量而对公司所做的基础分析对于公司价值产生的影响才是巨大的，所以这样的基础分析通常会占用整个估值过程中大量的时间，并且耗费很大的精力。

检查模型假设

我们建议，使用基础乘数和相对乘数这两种方法来对 DCF 模型的估值结果进行二次校验。这是因为所有的估值模型从数学角度讲都是有相关性的，并且在关键假设相同的的前提下，不同模型给出的估值结果应该是相同的。这一观点听起来像是一个非常有革新性的观点，但是在学术领域里已经不是什么新观点了。不管怎样，这一观点仍然非常有用。

这一观点从实践上来讲很有意义，其中最重要的是以下两点。

首先，各种估值模型间的不同重点不在于它们所产生的结果不同，而在于每个模型都强调重视一些方面而忽略了另一些方面。有了所有模型都是有相关性的这一认识后，我们可以将一个模型的假设放在另一个模型中来对其进行检验。例如，已知一些特定的 DCF 模型的假设，我们可以用这些假设来计算长期的股本回报率（ROE）或是长期的市盈率（P/E），并以此来检查我们关于 DCF 模型的假设用在其他的模型中时是否依然合理。

其次，一个令人困惑甚至相互矛盾的估值结果——例如，股权交易价格可能比市盈率估值得到的价格要低，但是要高于通过现金流量折现模型估值的结果——按照假设相同、所有模型的估值结果也应该相同这一观点，出现矛盾的估值结果后，自然就可以将估值讨论的重点从模型的技术性问题转到模型的基本假设上来。

结果就是，估值模型的选择其实就是根据评估者个人的品位和偏好。大多数模型从根本上说目的在于计算未来现金流量的净现值，并且试图找到一个合适的折现率。

为了将这种解释过程变得容易接受和具有可操作性，必须要做如下假设。

1. 所有的价值都是来自终值期。

2. 不考虑盈余需要。大体来讲，不考虑盈余需要意味着股本的增长等同于新投资的需求，账面价值的增长相当于留存收益的增加加上新股发行的价值。

3. 不发行新股。

4. 在长期持续均衡期间，所有的增长率和比率都保持不变。

5. 现金和市场有价证券的持有量没有增加。这就意味着，公司不会积累资金，而是支付股票分红或是等价物。

6. 边际资本回报率和平均资本回报率从长期均衡状态看是相等的。

7. 负债 / 权益比率保持不变。债务的增长与累积增加股本的增长速度是相同的。

8. 利息率保持不变，因此债务的价值也保持不变（除非像前一条中那样与股本增长速度保持同等的增长）。

9. 忽略少数所有者权益。

如果以上假设都成立，我们就可以将任何最流行的估值方法解释为来自另一种估值方法的一些隐含的假设。这些计算当然并不能产生非常准确的结果，但是也许会为检查 DCF 估值结果准确性和真实性提供一个额外的参考数据。一个完整的估值分析及相应的数学解释不在本书的讨论范围内，有兴趣的读者可以进一步阅读"延伸阅读"中的内容。

表 6-4 指导我们如何将现金流量折现的数据转化为其他能用来检查基础假设的隐含的关键性财务指标。在第 8 章中，我们会讨论如何在实践中使用这种引导。

表 6-4 将现金流量折现 DCF 的输入数据转换为其他关键财务标准的公式

数据项目	符号	公式	范例
现金流量折现所需要的数据			
自由现金流量	FCF		10
自由现金流量增长率	g		5%
加权平均资本成本	WACC	$[E/(D+E)] \times C_E + [D/(D+E)] \times C_D(1-T)$	6%
税率	T		30%
股本成本	C_E		8%
债务成本	C_D		6%
新投资	Invest		30
负债的价值/公司价值	D/(D+E)		50%
现金流量折现的隐含数据			
公司价值	EV	FCF/(WACC-g)	1 000
债务的价值	D	EV×[D/(E+D)]	500
股本的价值	E	EV-D	500
自由现金流量收益率		WACC-g	1%
资本回报率模型的隐含数据			
税后净营业利润	NOPAT	FCF+Invest	40
资本回报率	ROC	NOPAT × g/Invest × 100	6.7%
资本	K	NOPAT/ROC × 100	600
资本成本		WACC	6%
超额回报率		（ROC-WACC）	0.7%
增加的价值	VA	（ROC-WACC）× K	4
增加价值的现值	PV（VA）	VA/（WACC-g）	400
公司价值资本比率		[K+ PV（VA）]/K	1.7
股利折现模型的隐含数据			
税后支付的利息	INT	$D \times C_D \times (1-T)$	21

（续）

数据项目	符号	公式	范例
新的债务融资	ND	D × g	25
股息分红	Div	FCF+ND−INT	14
利润	Earn	Div+Invest−ND	19
股利分配率	p	Div/Earn	73.68%
股息收益率	DivY	C_E−g	3%
市盈率	P/Earn	p /（C_E−g）	24.6
动态股本收益模型的隐含数据			
股本回报率	ROE	g/（1−p）	19%
股本成本		C_E	8%
股本回报率差额		ROE−C_E	11%
账面价值	BV	Earn/ROE	100
增加的价值	VA	（ROE−C_E）× BV	11
增加的价值的现值		VA/（C_E−g）	367
市净率	P/BV	P/Earn × ROE	4.67

小结

在本章中，我们在最常用的现金流量折现估值模型中介绍了所谓的麦肯锡模型。这一模型包括如下一些主要步骤：

- **估算资本成本**。最常用的估算资本成本的方法就是加权平均资本成本（WACC）。WACC 的计算包括估算债务成本、股本成本以及目标资本结构。我们还提出了直接使用一些参照物来对资本成本进行估值的替代方法。

- **计算可明确预测期的自由现金流量**。通过预测息税前利润（EBIT）、税收、资本性支出、折旧和营运资本成本，并将每年的自由现金流量折现到当前。可明确预测期可以逐年延伸到所谓的成熟期，那时的增长率可以假定保持不变。

- **计算终值**。从可明确预测期后的第一年到之后无穷年，确定可明确预测期最后一年的自由现金流量、永续增长率、资本成本和折现率。我们需要注意到终值占公司价值的大部分比例。

- **将所有现值加总**。终值现值、可明确预测期的价值现值、可能存在的高速增长期的价值现值以及任何非营业性的自由现金流量现值加总即可估算出公司的总价值。想要计算公司的股本价值，我们需要用公司总价值减去债务的市场价值和其他利益要求权，例如养老金和少数股东权益。

对于一些需要很长的时间都不能达到成熟期的特定公司而言，在可明确预测期和终值期加入第三个阶段——高速增长期是很有必要的。

此外，我们还需要注意 DCF 模型仅仅是一个计算工具，通过使用不同的输入数据可以得到不同的结果。因此，决定输入数据的最基础分析是极其重要的。

最终，我们介绍了通过使用分析财务比率，例如股本收益率、资产收益率或是市盈率所隐含的假设来检测 DCF 假设的方法。在特定的假设条件下，大多数的估值模型是相关联的，并且在假设条件相同的情况下产生的估值结果也是相同的。

在下一章节中，我们将对深层次基础分析和价值驱动因素概念做更详细的阐述。

第 7 章

基本分析和关键价值驱动因素

本章要点

- 什么是价值驱动因素

- 如何确定关键价值驱动因素

- 结构化基础分析

- 通用的营业价值驱动因素

- 基础分析的框架

- 暂时垄断——基础分析的一个额外工具

- 当前的暂时垄断

- 小结

在本章中，我们将对所谓的基本分析和关键的价值驱动因素做一个更详细的介绍。

正如前面章节中所提到的一样，DCF 估值的结果完全取决于模型所需要的输入数据。这些数据源自以下的分析：

- 宏观经济形势。

- 行业结构和发展趋势。

- 目标公司的优势和劣势、关键的经济和财务变量。

- 公司经营决策。

- 其他所有对公司未来现金流量有很大影响的信息。

对于估值质量而言，对公司业务和经营环境的分析是非常重要的。当然，我们需要对 DCF 这一计算工具非常了解。一旦掌握了分析的技术，我们所关注的重点应当转移到公司价值创造的过程（见图 7-1）。

> 为了使分析操作起来更容易，基础分析的重点往往只放在有限的几个关键价值驱动因素上。

当对公司的经营业务进行分析时，所有关系到公司价值的变量都需要考虑在内。然而，这项任务涉及面非常广泛，需要包括很多变量，因此整个分析和使用的过程是非常复杂和困难的。为了使分析操作起来更容易，基础分析的重点往往只放在有限的几个关键价值驱动因素上。

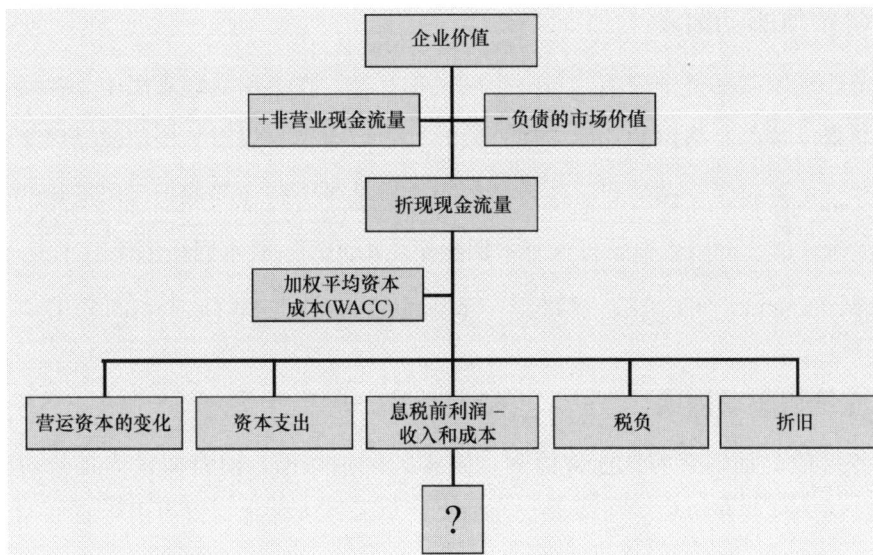

图 7-1　折现现金流量（DCF）模型与深层次分析关系图

什么是价值驱动因素

为了理解公司的价值创造过程，我们需要首先确定并理解价值是从哪里创造的，即确认所谓的"企业价值驱动因素"（value drivers of the business）。全面理解价值驱动因素以及对公司未来现金流量所造成的影响，有利于预估现金流量折现价值评估模型中的输入变量。

通常来讲会有数百个价值驱动因素，每一个驱动因素都会为公司的总价值增加一部分（参见附录 A 中的示例）。当对目标公司进行估值时，要确定、分析和理解所有的价值驱动因素通常是不可能的。相反，我们只需要将关注的重点集中在那些能最大限度地为公司创造增加价值的驱动因素上，具有这些特征的因素被称作"关键价值驱动因素"（key value drivers）。哪些因素是关键价值驱动因素会因公司和所处行业的不同而有所不同，而且这些关键价值驱动因素的影响力也会有所不同。

我们需要区分财务价值驱动因素，例如营业利润率或投入资本回报率，和非财务或营业价值驱动因素之间的不同。

财务价值驱动因素

价值驱动因素在整个公司的每一个层次都存在。在上层管理者眼中，关键价值驱动因素通常反映的是公司的整体表现。因此，它们更多是以财务价值驱动因素的形式存在，并且在公司各个部门间、各个公司间甚至是各个行业间都是可以通用的。常见的财务关键价值驱动因素包括投入资本回报率（ROIC）、股本回报率（ROE）、营业利润率（operating margins）、收入增长率（revenue growth）和营运资本的变化。

营业价值驱动因素

财务价值驱动因素和营业价值驱动因素的区别在于，前者衡量的是公司在过去一段时间内的经营状况。营业价值驱动因素从另一个方面讲，可以当作是公司未来经营业绩和未来现金流量的早期指示信号。例如，客户流失量的增大意味着销售额的下降，新产品销售额的增加意味着公司的产品组合会在未来市场上更有竞争力。

如何确定关键价值驱动因素

确定公司的关键价值驱动因素并不是一个简单的任务，因为其隐含一个预设条件——对整个公司的价值创造过程有完整的了解。此外，关键价值驱动因素并不是一成不变的，它会随着时间的改变而改变，所以需要周期性地重复检查。鉴于财务关键价值驱动因素是通用的，所以建议对整个公司、主要营业部门和/或者分公司的分析从确定财务关键价值驱动因素开始。有了已经确定的财务关键价值驱动因素后，我们需要研究其他经营变量和环境的变化对财务关键价值驱动因素的影响，并以此来找出关键营业价值驱动因素。因此，我们建议使用情景分析来检查关键价值驱动因素变化所产生的影响，同时也可以帮助理解这些因素之间的相互关系。

回顾行业结构或者智力资本方面的相关资料以此来了解它们与公司价值之间的关系会有很大的帮助，下一部分将对这两个领域进行概括性描述。

结构化基础分析

我们的方法是将基础分析分成三部分，即外在部分、内在部分和联系两者的公司经营策略，如图 7-2 所示。

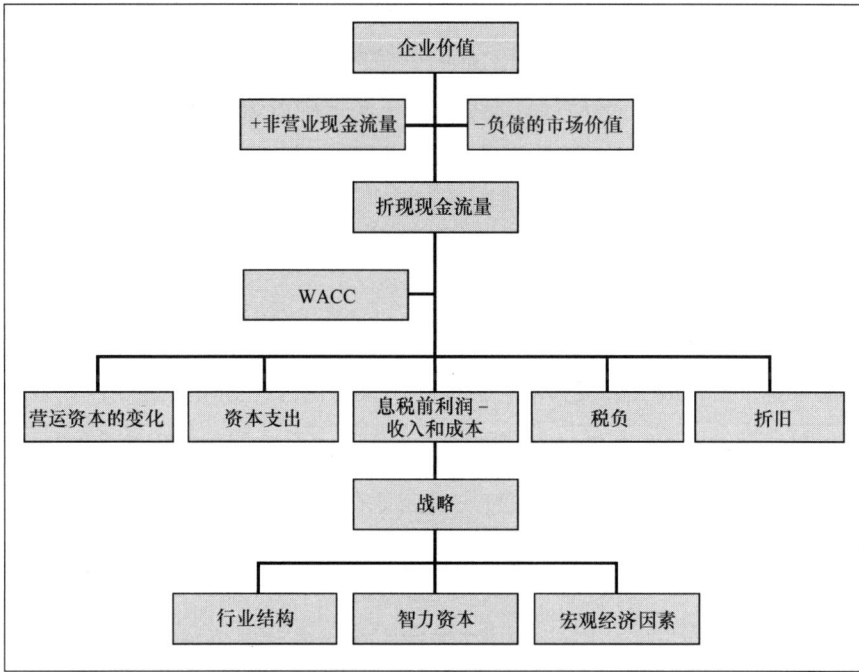

图 7-2　基础分析的框架

- 外在部分包括对影响整个公司的经济因素进行的宏观分析和对公司经营所在行业的行业结构分析。我们认为单独地进行宏观经济分析是不必要的，推荐将外部分析的重点集中在对行业结构的分析上。其主要原因在于，最重要的宏观因素、经济增长和对行业的影响已经包括在行业增长变量中了。其次，在公司价值评估中很难精确地对宏观变量进行预测。

- 公司的内部资源，俗称为公司的智力资本，包括公司的无形资产，例如员工的知识水平、知识产权和公司控制其业务的标准流程。

- 分析的第三部分是评价公司的战略。公司的战略就是其管理层在既定的外部和内部条件下为实现公司目标而采用的方法。策略本身并不包含任何价值驱动因素。相反，策略的意义在于公司如何从行业结构的关键价值驱动因素和智力资本中利用并发掘其杠杆作用。在这种方式下，选定的策略可以增加或减少某个价值驱动因素的重要性。

在我们开始更详细地介绍最常见的非财务价值驱动因素前，我们会先对行业结构和智力资本进行更深入的阐述。我们会分别描述一个著名的模型，并以此作为基础进行描述。对于行业结构的分析，我们会用到哈佛大学迈克尔·波特的五力模型（five forces model）。对于智力资本的分析，我们则会用到被称为"智力资本价值树"（the intellectual capital value tree）的模型，它是由智力资本研究领域的先驱者利夫·埃德文森创造的。

行业结构

为了能够确定必要的假设条件，行业分析被认为是价值评估中很重要的一部分。波特的五力模型基于所谓的五种能力对行业的竞争结构进行了分析，这五种外力的结合确定了行业盈利的潜力。波特的五力模型如图 7-3 所示，对这五种能力的具体描述如下。

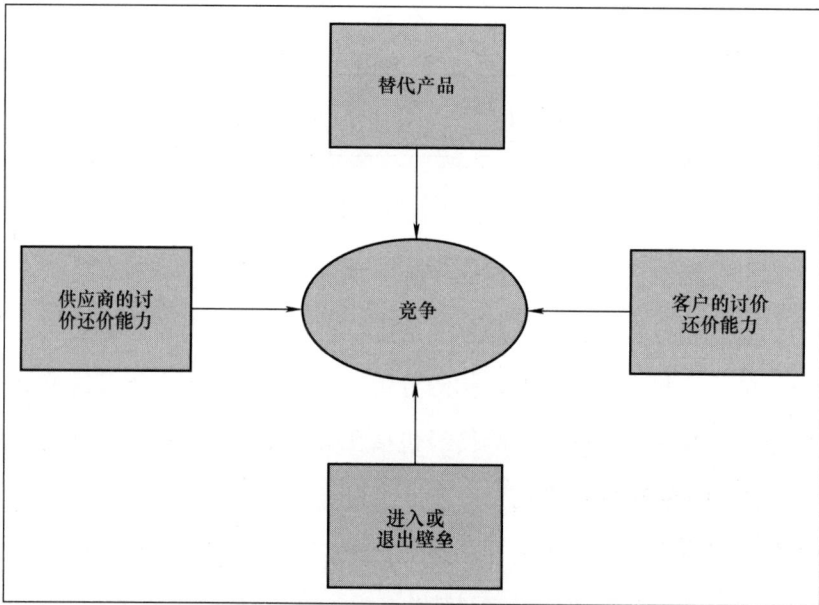

图 7-3　波特的五力模型

竞争

同一行业中的各个企业之间都是相互关联的。这就意味着，一家公司的竞争性的举动会对其他公司造成影响，因此也会引起其他公司的对抗性运动。例如，这些动向可能会引发起价格竞争、广告活动的竞争、产品的派

> **一个行业的竞争越激烈，盈利能力就越低。**

发或是对客服务质量的提高。当然，竞争在不同行业发挥不同的作用，也被不同的因素所影响，例如行业整体的增长或是退出壁垒都会影响竞争。总体来说，一个行业的竞争越激烈，盈利能力就越低。对于一家特定的公司而言，最好的状况就是行业竞争弱（尽管对客户并不是这样的），这可能是由于行业发展的高速增长，也可能是因为市场上的竞争者本身就很少。

进入和退出壁垒

当提及外力因素时，进入壁垒通常是指很难或是需要花费很大代价才能在一个行业中树立起自己地位的常见方式。进入壁垒分为自然进入壁垒，包括经济规模、品牌、专利或是资金需求，和非自然进入壁垒，包括法律法规、国家垄断和关税。对一个行业盈利能力最有利的是进入壁垒很高，退出壁垒很低。这样的形势决定了该行业价格竞争的风险相对较低，也就为稳定环境下的高盈利奠定了基础。最糟糕的情形是进入壁垒低而退出壁垒高。这就意味着会有很多公司会在合适的时机进入到这一行业中，但即使形势不好，也没有哪家企业能够轻松地离开。

替代产品

在目标行业的分析中，替代品无论作为产品还是服务来讲，能够完全满足消费者相同的需要并提供相同的功能。替代产品通过设置产品价格的上限来限制本行业中企业的盈利能力。值得引起格外重视的是那些已经在行业内公认的能够产生很高额利润的替代产品。当同一行业内的竞争不断加剧时，产品价格就会下降，这一行业的产品将会成为具有威胁的替代产品。

供应商的讨价还价能力

供应商如果处于优势地位，他们就可以对这一行业的盈利能力构成影响。例如，他们可以提高产品价格、降低服务水平或是采取一些其他影响行业结构的措施。类似供应商占据优势地位的例子有：

- 供应商由为数不多的几家公司构成，相对于其客户的行业而言，供应商所处行业的集中程度较高。

- 目标行业对于供应商而言并不是其主要的客户群体。

- 供应商通过垂直一体化经营给目标行业造成了威胁。如果客户不愿意付更高的价钱，供应商可以直接将产品卖给消费者。

客户的讨价还价能力

通过要求更低的价格、更好的服务或是更高的效率，客户群体也可以以相同的方式影响行业的盈利能力。可以提升客户讨价还价能力的因素有：

- 客户比卖家更集中，并且能够大批量地买入。

- 客户更换供应商的成本很低。

- 客户通过垂直一体化给供货商造成了威胁。例如，如果供应商不同意降价，客户可以通过自己生产产品或是自己提供服务来对供应商构成威胁。

有了以上模型的帮助，就有可能对企业所处的行业进行分析。该行业潜在的利润率高吗？其现有的利润率能够继续维持吗？波特五力模型是分析行业当前和未来状况的非常好用的一种工具。

智力资本

智力资本通常定义为企业的市场价值与其净资产价值之间的差额。我们认为这种定义方法是不正确的，特别是在知识研究型企业或是高速增长的企业时。净资产价值通常与市场价值间没有什么联系，所以我们不认为用智力资本单独地去解释净资产价值和市场价值之间的差额是可行的，这必须排除所有的宏观变量、公司所处的行业结构以及其发展战略，所有这些无法定义的因素都对企业的市场价值有很重要的影响。我们认为，对于智力资本的一个更准确的定义应该是：智力资本是企业未反映在其资产负债表上的所有非财务资产。

到目前为止，我们仍然缺少一个模型可以用来具体地计算出智力资本的价值。这对于上面提到的行业框架结构来讲，也是一个亟待解决的问题。不管怎样，这一框架已经被证明对于价值评估的实际操作者是相当有用的。想要分析一家公司的智力资本，我们建议使用所谓的智力资本价值树，如图7-4所示。它是由利夫·埃德文森首先创造出来的，阐述了将企业智力资本分析结构化的方法。

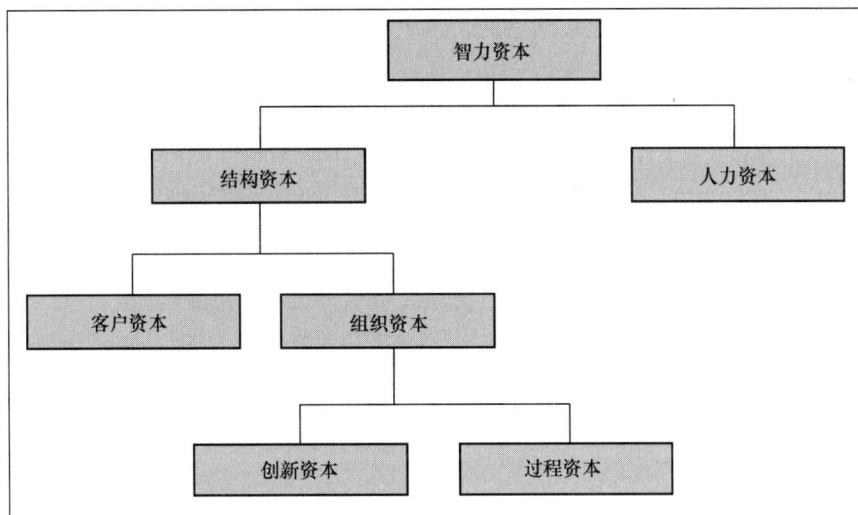

图 7-4　智力资本价值树

通过这个模型可以得出，智力资本可以分为人力资本和结构资本。人力资本（human capital）是指公司中每个人所拥有的智力资源。当每晚员工离开办公室之后，其智力资源也会随着离开公司。结构资本可以分为两个分支，即客户资本（customer capital）和组织资本（organizational capital）。客户资本可以定义为公司与其所有客户之间所有相互关系的价值。组织资本包括过程资本（process capital）和创新资本（innovation capital）。过程资本是指所有的支持系统、过程文本、手册及 IT 系统。创新资本由品牌、专利及创意文本组成。

通用的营业价值驱动因素

在行业结构和智力资本领域中，有大量的影响公司价值的变量适合用来进行分析。筛选这些变量并进行分析需要花费很多的时间，从某种程度上讲是不必要的一件事情，这就是为什么那些估值分析人员往往只会集中分析少数的几个变量。

本书的作者于 1998 年在斯德哥尔摩经济学院做了一项研究，由此得出的结论为：有七个主要的非财务价值驱动因素对于企业价值的创造有显著的影响，它们对于不同公司而言已经基本是通用的价值驱动因素了。瑞典皇家工程科学院最先于 1999 年在

《成长公司价值评估》（Valuation of Growth Companies）中公布了这一研究成果。

我们会逐一对这七个变量进行描述和讲解，并就如何进行计量提出意见。重要的

> 这些变量可以在不同公司间
> 及不同行业间表现得有所不同。

是，这些变量可以在不同公司间及不同行业间表现得有所不同。当我们以估值为目的对一家公司进行分析时，我们不能想当然地认为这七

个变量都是最适合的。如果我们发现了更能说明公司价值的其他变量，就当然应该使用这些更合适的变量。然而在大多数情况下，这七个变量中至少有几个是经营性关键价值驱动因素，因此可以作为分析的基础。

行业结构价值驱动因素

行业结构中有三个关键的价值驱动因素，即集中程度、进入壁垒和行业增长。

集中程度

集中程度是指在同一行业中公司的数量，是用来衡量竞争程度的一个标准。如果同一行业中有 200 家竞争的公司，我们就可以假定这一行业存在着激烈的竞争，因此其利润率会偏低。如果这一行业只有三家公司，我们就可以期望高一些的行业利润率，甚至是一定程度的联合竞争。

公司的地位越近似于垄断，公司的这一地位就越具有吸引力。原因在于，一家垄断企业享受到了处于激烈竞争中的企业所没有的优势。垄断企业可以为其产品和服务定一个高价，又或者在价格下降时实行限量供应。此外，垄断企业可以基于不同的客人设定不同的价格，对价格进行微调整以实现其企业利润的最大化。最终，垄断企业可以通过大规模生产来降低成本，同时可以在与供应商谈判时占据有利地位。

一种用来衡量集中程度的方式就是通过公司所占有的市场份额。这一方法是通过用公司市场份额除以总的市场份额（例如本行业中的四大公司）计算得出的。这种衡量方法能很好地说明目标公司在一个特定行业中的主导地位以及该行业的竞争水平。

进入壁垒

正如前文所提到的一样，有两种类型的进入壁垒——自然的和非自然的。自然进

入壁垒可能是经济规模、巨额初始成本或是强大的品牌效应，这些都可以在竞争激烈的市场中营造出一个类似垄断的情境。非自然进入壁垒，例如，法律法规、国家垄断或是市场上其他类似的干涉行为等限制了现有公司的数量。正如前一部分所介绍的一样，一个行业中的竞争水平对于公司的盈利能力有着至关重要的影响。行业的集中程度给出了行业当前状况的一个简单的概括，但是却没有为行业未来的状况提供任何有价值的信息。对于一个特定行业而言，其结构持久性的主要指标是它的进入壁垒。例如，当某家公司已经达到其类似于垄断地位的状况时，其行业进入壁垒可以决定该企业的垄断地位能够维持多久。如果没有较高的进入壁垒，近似垄断地位的情景是不会维持太久的，因为其他的企业会被很快吸引进来并在市场中建立起他们的地位。

进入壁垒的衡量方法有两种，即时间和货币。以时间为计量是指企业作为一个新进入者需要花费多长的时间才能对行业中现存的竞争者造成威胁；以货币为计量是指为达到相同目的所需要的净成本现值。

行业增长

一个行业的高速增长往往可以使得该特定行业中的公司价值更高。行业增长率可以包含两个变量，即国民生产总值的增长率和行业自身的增长率。高速增长的行业具有很强的吸引力，其原因有两点。首先，行业高速增长意味着市场在扩大，在此情形下，公司可以在保持或是失去一部分市场份额的前提下，依然能够增加收入和其潜在的利润。在低速增长甚至是负增长的行业中，公司不得不尽可能地抢占市场份额，由此常常会引发公司间的价格战，从而降低公司的边际收益和利润。其次，行业高速增长意味着该行业处于活跃发展期，由此通常可以引发出一个新的行业分割，从而为公司迅速变成市场的领导者、占据其垄断地位提供了新的机遇。行业高速增长常常给该行业中的企业创造出能获得更高回报的市场地位的机会。

各种市场研究公司和行业机构都在不断更新和预估行业的增长率，从这些发布的公开数据中可以获得估值所需的相关数据。

智力资本价值驱动因素

正如前面所提到的价值树所阐述的一样，智力资本一共由四个独立的部分组成，即人力资本、客户关系、创新资本和过程资本。这些领域涵盖了企业智力资本所有的潜在资源，我们将会在下面部分就每一个领域中最重要的价值驱动因素做出解释。

品牌实力

客户资本可以定义为公司与客户关系的净现值。当然，它可以通过许多不同的方法加以衡量。但是，经常被认为是最重要的两点是公司现有客户的忠诚度和公司吸引新客户的能力。客户忠诚度是非常重要的，因为它与公司的盈利能力有最直接的联系。通常来说，相对于通过现有客户增加收入所需要付出的成本，获得新客户所需要的花费是更高的。获得新客户也很重要，因为它为已有的客户群体和市场份额潜在的增长率提供了可能性。估算这两个变量及其后续的客户资本的一个最好的方法是分析品牌的优势。

品牌重要性的原因有很多。第一，全球一体化使得市场变得越来越大，同时也越来越容易进入到一个新的行业。相应地，竞争者也变得越来越多，行业背后所隐藏的保护性关税已经不复存在。在为了获得更多客户而进行的这场激烈的战斗中，强大的品牌效应是将该企业产品和服务区别于其他企业，并将优势集中在该品牌所有者身上的一个有效武器。

品牌效应变得越来越重要的第二个原因在于"技术集中"。某一产品、服务或是理念的竞争优势是很难长时间加以维持的。一个创新产品或是服务问世不久，竞争者就能够很快复制并冠以自己的名字后重新推出。其结果就是，极少有产品是真正与众不同的。唯一的不同之处是其品牌，品牌已经逐渐变成客户选择的决定性因素。这一奇怪的现象随着 IT 产业的发展及劳动力流动性的增加愈演愈烈，伴随而来的就是产品的研发和新产品的复制速度变得越来越快。

第三个原因是品牌能够给其所有者一定程度的竞争性保护，因为它能作为一个很强的进入壁垒发挥其功能。在一个现有参与者拥有很强大的品牌忠诚度的市场中，新的竞争者想要进入该市场是非常困难的。试想一下，如果你想进入饮料行业与可口可乐和百事可乐进行竞争，通过自己的产品建立品牌，想要让自己的产品在这样的市场状况下进入潜在客户群的消费意识中，一定是需要付出非常大的代价的。类似的事情，相信已经有一些饮料生产商体会过了。

此外，与人力资本不同，品牌归公司所有并且按照公司自己的方式保持和客户之间的关系。品牌总是能够经得住时间的考验，一个公司的品牌效应往往会比其早期推出的产品更持久。以 IBM 为例，公司创业之初是只在工厂范围内销售产品的品牌。随后，其强大的品牌效应使其能够制定一个更高的产品价格，最终获得超过行业平均水平的利润。

衡量品牌优势的方法是综合考虑两个因素，即品牌忠诚度和品牌认知度。品牌忠诚度反映了公司留住现有顾客的能力，可以用顾客的重复购买率来衡量。品牌认知度是对公司赢得新客户的可能性的评估，可以通过企业目标顾客群中能识别企业品牌及了解品牌意义的顾客所占的百分比来进行评估。

管理层和董事会的能力与动机

人力成本包括公司的整合能力、关系、才能、知识和经验。公司人力资本和结构资本的最主要区别在于人力资本并不能为企业所拥有。

对人力资本的分析可以分为能力和动机两部分，分析应该着重关注公司管理层和董事会团队。

董事会和管理层团队都需要分析，因为他们是相互依赖的。一个水平低的董事会团队可以毁掉企业中一个优秀的管理层团队，同样地，能力差的管理层团队也会阻碍一个优秀的董事会的进步。动机同样非常重要，因为有时仅仅依靠能力并不能保证一定会有好的结果。反之亦然，如果公司董事会和管理层团队是完全没有管理能力的，那么仅仅依靠动机，其收效也是微乎其微的。动机可以被分成两部分：一部分是财务动机，包括期权、现金奖励或是其他与经营绩效相关的奖励；另一部分包括公司整体的工作环境和工作氛围。

我们可以通过一些关键价值驱动因素来评估董事会和管理层过去的表现，隐含的观点是过去的表现有时可以反映公司未来的表现。我们建议，将薪酬的一部分直接或间接地与价值创造相关联并结合管理层人员流动率来衡量激励的水平。

创新能力

当衡量公司在市场上的未来前景时，公司不断地更新并在新领域取得突破的能力是至关重要的。创新能力是指一家公司对其当前产品的更新换代、开发一个全新的产品或是对已有产品的更新能将公司引入一个新的行业细分市场的能力。

创新能力的重要性已经在过去的几十年中有了显著的提高，由此而导致了产品的生命周期不断缩短。类似的情形在大多数成长型企业中经常可以看到，类似的公司生产新产品和服务的能力，即其创新能力，通常是企业未来获得成功的决定因素（例如手机行业）。

对于衡量创新能力的建议是确认企业收入中源自过去 2~3 年推出的产品和服务所占的百分比多少。这样做，不仅仅能够衡量出公司开发新产品和服务的能力，也能够衡量出公司将该产品推向市场并以此创新产品为基础来为公司增加收入的能力。

独立于个人的知识

在麦当劳与其分销商签订合同的 11 天后，新的麦当劳餐厅就可以建成并且开始为顾客提供汉堡。麦当劳建立新餐厅的程序在过去的这些年中已经变得很精炼，并且整个程序也有了很详细的标准。这就是一个关于如何创建独立于个人的知识（公司流程资本中很重要的一部分）的例子。

独立于个人的知识对于公司而言也是非常重要的，其原因有两个。其一，这部分知识是归公司所有的，它不会因为员工的离开而消失。正是因为如此，相比于纯粹的个人资本而言，独立于个人的知识对公司而言风险更低。其二，独立于个人的知识比人力资本能发挥更大的杠杆效应。原因在于独立于个人的知识可以同时被很多人在同一时间使用，也很容易进行分配。如果麦当劳只有一个能掌握上述知识的建筑承包商，他们只能每 11 天建造一家餐厅。通过将这些知识以电子手册的形式存储起来，它就可以由很多人在很多地方同时使用。

我们建议通过对每个员工的 IT 投资乘以每个员工的 IT 使用来衡量独立于个人的知识。这并不是一种完美的衡量方法，但是通常这种独立于个人的知识被认为是与企业在IT 方面的投资关系最为紧密的。当然，如果这种方法不能使用，那么它就毫无价值了。因此，投资与实际应用的结合至少可以在某种程度上反映出我们想要计量的东西。

基础分析的框架

我们已经阐述了如何将基础分析结构化，其分析模型包括三部分，即外在部分、内在部分和两部分的联系——战略。然后，我们在每个对应的领域一共陈述了七个关键价值驱动因素。基础分析的最终模型如图 7-5 所示。

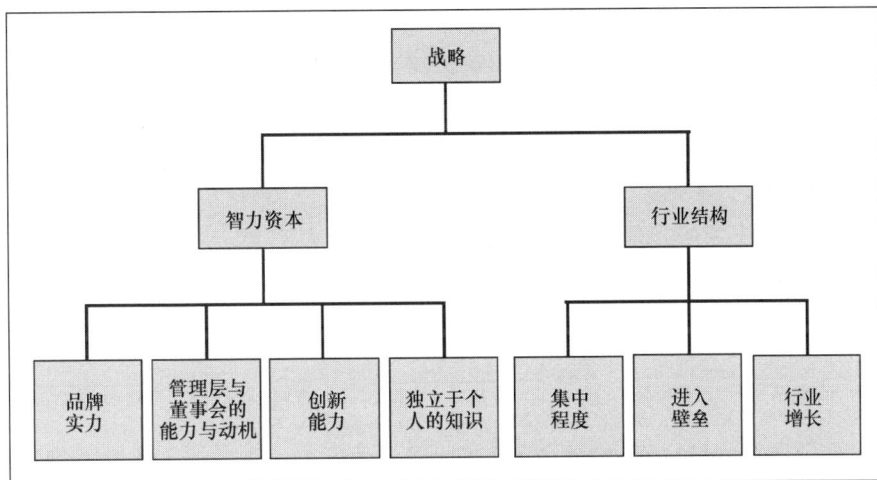

图 7-5　深层次分析模型

这一模型旨在为评估者试图了解企业时提供一个灵感或是想法。同时也能为公司当前和未来的地位及意愿做出一个整体的概括，希望能够对公司的基础分析有所帮助。此外，通过结构化的基础分析，价值评估会更准确，评估者也能在对该价值评估进行时有一个良好的基础。

正如前文所提到的一样，除了已经阐述过的七个关键价值驱动因素外，还有一些其他的关键价值因素，这些因素可能对于你想评估的公司而言更适合。总之，评估者可以根据自己的选择，选出最适合于行业和公司的驱动因素。

暂时垄断——基础分析的一个额外工具

我们在前面的章节中所阐述的框架是企业如何获取基础价值驱动因素、以合理的方式将其结构化并且使它们形成一个有用的概念框架这一问题所提出的一个建议。

正如前文所述，从价值的角度看，公司所具有的高度理想化的特征可以是一种特殊的产品或服务，或是一个特定行业的主导地位。换句话说，投资者会寻求在一个行业有一定的垄断地位的公司来投资。正如被誉为"世界上最伟大的投资者"的沃伦·巴菲特曾在《巴菲特学》（*Buffettology*）一书中提出了其判定投资机遇的一个重要标准，他认为判断一家公司是否值得为其投资要看该公司是否享有他所谓的消费者垄断。

因此，如果投资者对这一评判观点感兴趣，那么要怎么来衡量它呢？直到今天，还没有一个共同的认知或是有效的模型可以来对垄断进行计量。更确切地讲，当估值涉及需要考虑垄断时，我们还没有一个可供合理分析的框架。

缺乏对垄断的分析模型可能是因为近十几年来，经济学家对这个话题并不太感兴趣。也许这应当归咎于"垄断"这个词本身的特征，其代表着政府对行业的约束，以及由此而出现的竞争的减少，这些无疑对于消费者而言是不利的。但是，投资者所偏好的垄断并不受政府的约束，而是由创新和高速增长所驱动的。对垄断进行早期研究的澳大利亚经济学家约瑟夫·熊彼特指出，垄断不应被视为资本市场竞争的失败，恰恰相反，其应该作为经济发展的驱动因素。约瑟夫认为，确立一个垄断的地位可以激励企业勇于创新并实现其产品和服务的资本化。在竞争环境中的垄断，由于没有政府的约束和其他人为的进入壁垒，将不会持续很久，因此被认为是暂时性的垄断。企业将不得不转移到另外的领域或是行业，并试图去创造一个新的暂时垄断。

关于公司取得成功的基本思想是，企业的成功很大程度上取决于其创造和维持其暂时垄断地位的能力。当讨论"垄断"这一术语时，需要注意的是，我们所说的垄断是指一家公司在某一特定的行业、行业中的分支或是细分行业中有绝对的主导地位。在一个高度集中的行业中，

> **当公司在某一行业占有主导地位时，也就意味着某种意义上的垄断。**

垄断公司所占的市场份额要求达到 60%～70%。但是在一个高度分散的行业中，仅仅 20% 的市场份额也可以被视为垄断，因为在此行业中的其他竞争者只能拿到 1%～2% 的市场份额。传统的垄断概念要求在这一行业中只有一家公司，这样的垄断叫作绝对垄断。

下面，我们将阐述从垄断角度来对公司进行分析的框架，这一框架也可以为进行公司估值提供一些额外的输入变量。

当前的暂时垄断

第一个问题是如何将垄断量化。首先，市场份额很明显地为公司在任何市场上的

垄断程度或多或少提供了一些指标，但这仅仅只看到了问题的一部分。考虑这样一个例子，两家处于不同行业的公司，所占的市场份额都为 30%。很明显，这两家公司在其各自的领域中都是很重要的公司，都占据很重要的地位。但是它们到底有多重要呢？其中一家公司的竞争者占有 45% 的市场份额，另一家公司的竞争者都是小公司，只占 1% ~ 2% 的市场份额。显然，后一家公司的市场地位更高，在产品或服务的价格上拥有更强大的主导权。换句话说，后一家公司比前一家公司有更强大的垄断地位。这个例子就解释了为什么单纯地看市场份额不能为衡量垄断程度提供足够多的信息。

另一个可以用来计量垄断程度的标准就是同一行业竞争者的集中程度，也就是在这一行业中竞争者的数量。我们面临着和市场份额一样的问题。如果所分析的目标公司处在一个只有三个竞争者的行业中，且目标公司在这三家公司中占有统治地位，那么它就拥有垄断优势。在这种情况下，集中程度就为衡量目标公司的垄断地位提供了一个很好的指标。也有这样一种可能，目标公司的一个竞争对手占有 70% 的市场份额，而目标公司与另一家公司共同分剩下的 30% 的份额。在这种状况下，集中程度就为企业的垄断形势提供了完全错误的信息。

为了能得到一个更适合的计量方法，需要将市场份额和集中程度综合在一起考虑，就是所谓的相对市场份额。我们可以用下面的公式来定义相对市场份额

$$相对市场份额 = \frac{公司的市场份额}{行业中最大的四家公司所占的市场份额之和}$$

使用相对市场份额来判断，如果该行业中其他公司的市场份额不超过 1%，拥有 20% 的市场份额就可以被认为是具有垄断优势。如果是在一个只有三家公司的高度集中的行业中，拥有 80% 的市场份额就可以被认为是具有垄断地位。从数学的角度讲，相对市场份额越接近 1，公司就越接近绝对垄断的地位。

> **公司暂时性垄断程度可以通过公司的相对市场份额来进行衡量。**

找到一个衡量公司暂时垄断程度的方法固然是一个好的开始，但是这个方法只能对当前的状况进行一个静态的描述。我们还需要知道围绕垄断的动态情况和其未来的发展状况。正如"暂时"这个词所暗示的，在竞争的环境中，垄断地位并不能维持很久。其原因在于，由垄断带来的高额利润（如前文提到的，我们假定垄断公司是效率很高的公司，可以通

过降低成本和提高产品价格来巩固其地位）可以吸引很多竞争者进入到该行业，使得该行业的竞争变得更加激烈。公司需要建立其垄断的优势地位，更具体地说是其垄断的持久度。如前所述，垄断公司的高额利润会吸引新的公司加入到这一行业中（当然是在新公司能够加入的前提下）。能够阻止这些潜在的新进公司加入竞争的方法就是提高进入的难度，例如进入障碍。进入壁垒需要详细审查，因为其决定了暂时垄断的持久性。

相对市场份额和进入壁垒所提供的信息为分析企业当前暂时垄断地位提供了一个可分析性的框架。需要注意的是，这些分析可以针对企业的每一个部门实施，进而能够反映出整个公司的总体形势。同时，这种分析也可以应用在不同的行业中。没有一家公司，即使是可口可乐公司，能够长久地在饮料行业中占据垄断地位。但是如果将细分的行业限定在可乐饮料，情况就会不同了，可口可乐从某种程度上来说就是垄断者。

对于公司暂时垄断地位的存在性和持久性的分析可以直观地通过图 7-6 表现出来。图形中横坐标表示相对市场份额，在横坐标上越靠右，公司的相对市场份额就越高（相对市场份额的比率越接近 1）。纵坐标表示想要进入行业的总体进入壁垒，行业的进入壁垒越高，就越会靠近纵坐标的上方。45 度分角线表示，越靠近分角线的右上方，公司的暂时垄断地位就越强，其地位也会越持久。简言之，公司所处的位置越靠近右上方，从垄断地位的角度讲，企业的经营就越具有吸引力。

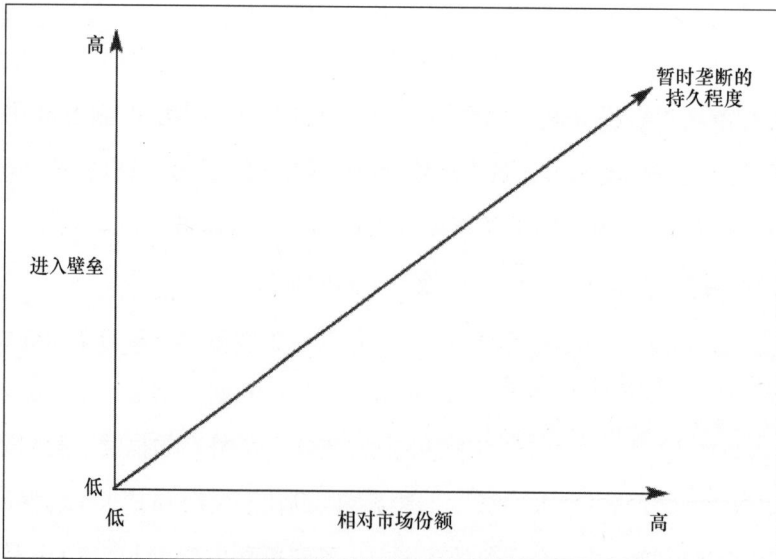

图 7-6 当前的暂时垄断

　　那么，就公司经营而言，暂时垄断究竟给了我们什么提示呢？假设一家公司处于图形的右下角，那么就拥有很高的市场份额，继而就会有一个暂时性的垄断地位。从价值创造角度来讲，目标公司就会有很高的可能性为股东带来大量的现金流量。这其中隐含的意义在于，该目标公司的估值就会很高。但是，正如从 DCF 模型中所看到的一样，我们所需要评估的是未来的现金流量。

　　在这个例子中，公司所处行业的进入壁垒相对较低，这就意味着新公司很容易进入到这一行业中。换句话说，该公司的暂时垄断地位并不会太持久，股东无法保持目前所获得的现金流量的风险就会比较高。如果公司拥有相同的相对市场份额，同时也有很高的行业进入壁垒（表现在图 7-6 中，即公司的位置在纵坐标的靠上部分），那么在其他状况保持不变的前提下，公司就会有更稳定的现金流量，因此公司的估值也会更高。从投资者的角度看，如果他们自认为可以提高进入该行业的壁垒或是有人可以做到，那么这些投资者就会对目标公司很感兴趣。提高进入壁垒的手段包括规模化、建立品牌忠诚度，或是更紧密地绑定重要的供应商和分销商。

> 暂时性垄断程度越高越持久，公司就会获得更高更稳定的现金流，从而有更高的公司价值。

考虑一个处于图 7-6 中左上角的位置的公司，这样的公司处于进入壁垒高的行业中，因此该行业是被保护着防止新企业进入的。但是，该公司并没有占据行业中的主导地位，本行业中还有其他的公司占据着更大的市场份额。因此，目标公司在本行业中并没有垄断地位。在其他情况相同的前提下，拥有更高相对市场占有率的公司（如图 7-6 中在靠近横坐标右边的位置）会有更大的现金流量，进而也会拥有更高的价值。从投资者的角度看，如果他们相信公司将会并且可以提高市场份额，投资者就会对收购这一公司感兴趣。

未来的暂时垄断

　　公司的垄断程度及持久性可以为公司当前经营的价值提供有效的指导。但是这其中不包括任何对未来非当前经营所得现金流量的分析。上面的例子只能解释当前已有的暂时垄断及其持久性，不能提供关于企业获得新的暂时垄断机会的任何信息。并且，"暂时"一词意味着垄断的状况不会一直持续下去。因此，审核公司创造新的暂时垄断的能力，对于估值评估来讲是非常重要的。我们需要另外一个工具来分析公司未来潜在的暂时垄断的能力。

> 公司在未来确立垄断地位的能力很大程度上取决于公司自身。公司开发新产品和服务的能力，可以用过去三年的产品或服务的销售额占公司整体销售额的比例来衡量公司的创新能力。

当然，公司在未来确立垄断地位的能力很大程度上取决于公司自身。公司开发新产品和服务的能力，以及将这些产品或服务商品化，并在新领域里获得统治地位的能力，可以在某种程度上为分公司或是一个部门创造新生的机会。这一能力就是我们在本章前面部分所提到的"创新能力"。在当今激烈的竞争环境中，产品的生命周期已经变得越来越短，这就意味着企业的创新能力变得越来越重要。正如我们在前面所讨论的，我们建议用过去三年的产品或服务的销售额占公司整体销售额的比例来衡量公司的创新能力。

假设公司当前有足够的创新能力来开发新产品和服务，公司就能够自然地获得未来暂时的垄断地位吗？事情当然没有那么简单，我们还需要考虑公司所处的整个大环境。

> 行业的动态变化为创造暂时性垄断提供了可能，可以通过行业的增长率来进行衡量。

简单来说，必须存在公司确立其暂时垄断地位的机会以及公司内部创新的可能性。公司如果想建立新的暂时垄断地位，需要建立一个新的分公司或是细分部门。分公司或是细分部门建立的快慢程度被称为行业的动态程度。我们可以根据行业的增长率来估算公司的动态程度。高速增长的行业比低速增长行业所能提供的行业机会多，因为新的暂时垄断地位的创造很大程度上取决于分公司和细分部门的形成。增长率越高，创造未来暂时垄断地位的行业机会就越多。

图 7-7 反映了公司内部为创造未来暂时垄断地位所需要的内部装备及行业机遇。横坐标通过行业增长来表示行业机会，行业增长速度越快，创造暂时垄断地位的行业机会就会越多，行业在图中的位置就越靠右。纵坐标通过衡量公司新产品或服务的收入相对于公司总收入的比率来表示公司的创新能力。在图中纵坐标的位置越高表示企业的创新能力越强，相应地，其创造新的暂时垄断地位的内部能力就越强。45 度分角线综合反映了公司创造未来暂时垄断地位的内部及行业机会，越接近图中右上的部分机会就越大。

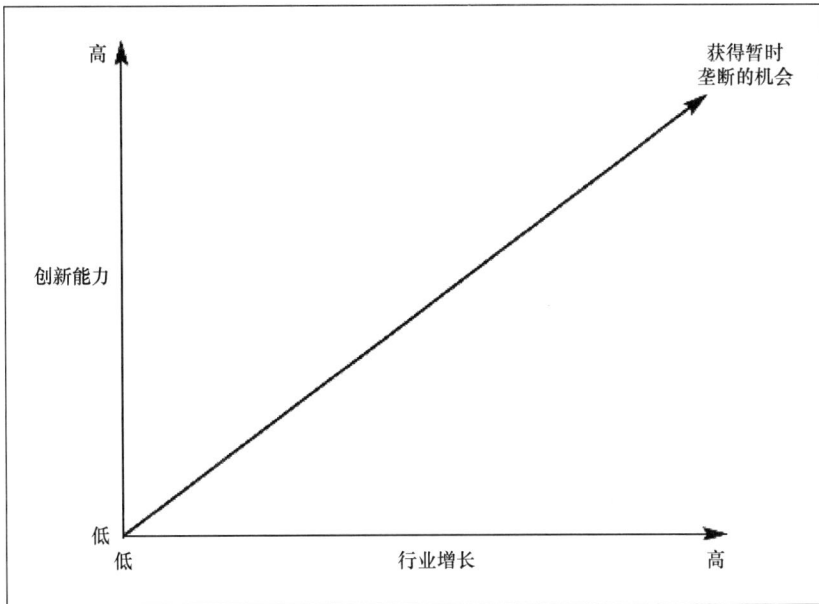

图 7-7　未来的暂时垄断

　　关于公司未来的机会，图 7-7 告诉了我们什么呢？考虑一家处在图中右下部分的公司，该企业处在一个高速增长的行业中，有很多创造新的暂时垄断地位的机会。但是其创新能力很低或是几乎没有。因此，公司没有能力通过开发新产品或是服务来抓住这个市场机遇。很明显，同一行业中有更高创新能力的另一家公司（在纵坐标中处于较高的位置）将会有机会获得未来暂时性的垄断地位。正因为如此，假设其他的经营状况相似，后一家公司从新的暂时垄断地位中获得未来现金流量的可能性将会更高。因此，在其他条件都相同的前提下，后一家公司的价值会更高。

　　以另一家处于图 7-7 左上角的公司为例。该公司拥有很强的创新能力，但是由于其处于增长速度很低的行业中，因此公司几乎没有创造新的暂时垄断地位的可能性，该公司是在一个错误的行业中创新。另一家具有相同的创新能力，但是处在有很高增长率的行业中的公司，会有更多的行业机会，很明显地也将有更多的机会创造未来暂时性的垄断地位。通过建立其未来暂时垄断地位，公司将会有可能增加其未来现金流量，因此其未来价值也会越来越大。

小结

在这一章中，我们讨论了基础性分析的重要性，以及通过确定所谓的价值驱动因素来理解公司内在价值创造过程的重要性。分析关键价值驱动因素，对于帮助确定正确的现金流量折现模型分析所需要的变量是至关重要的。

我们可以区分财务价值驱动因素，例如毛利率、投入资本回报率和经营资本回报率，以及非财务价值驱动因素。通常来说，财务价值驱动因素是非常通用的，但是经营价值驱动因素却因企业及行业的不同而有所不同。

紧接着，我们提供了一个分析模型来做关键价值驱动因素的基础分析。在这个模型中，我们将分析分成三个截然不同的部分——公司内部资源，即公司的智力资本；公司外部环境，即公司所处行业的结构；公司的战略。在智力资本和行业结构中阐述到的七个关键价值驱动因素，对公司价值有着非常重要的影响。公司战略中不包括任何价值驱动因素，但是可以被视为公司为了挖掘其智力资本和行业结构领域中的关键价值驱动因素所选择的方法。

智力资本中的四个关键价值驱动因素是品牌实力、创新能力、管理层与董事会的能力与动机和独立于个人的知识。在行业结构中，关键价值驱动因素是行业增长率、集中程度（目标公司的市场份额与其竞争者市场份额的比率）以及进入壁垒。

最后，我们介绍了暂时垄断这一概念作为公司基础分析的另一个与众不同的分析工具，区分了当前暂时垄断和未来暂时垄断。当前暂时垄断是通过公司相对市场份额和进入壁垒来衡量的，以此来估算公司当前的市场位置和其持久性。未来暂时垄断是通过创新能力和行业增长率来进行估算的，因此它可以用来衡量企业创造新的暂时垄断的潜力。

在下一章中，我们将用已经探讨过的概念和所学到的技巧对企业价值进行实际评估，把这些来之不易的技能运用到实践操作中去。

第 8 章

实例：如何在实践中评估公司价值

本章要点

- 对 Mobitronics 公司的基础性分析
- Mobitronics 公司现金流量折现价值评估
- 情景分析
- 检查基本假设
- 基于乘数的价值评估
- 综合所有的估值方法得出的公司价值
- 小结

阅读到这里时，相信读者已经对如何对目标公司进行估值有了理论上最基础的理解。现在，是时候把所有学到的理论知识应用于实践，来对我们前面所提到的 Mobitronics 公司进行估值了。

大多数投资者、估值分析师和其他的专业人士，都有他们各自喜欢的估值方式。当需要选择估值方法时，需要提前考虑到以下三个注意事项。

1. **估值的目的**。正如在第 3 章中所讲到的，有很多不同的情形和不同的情境需要我们对公司进行估值，例如并购、投资机会或者是员工股票激励计划。在每一种情形下，都不得不先决定估值需要达到的详细程度及估值的准确程度。

2. **可用的时间和精力**。哪些资源可以用来进行估值活动呢？对于不同类型的估值，基础分析执行得越彻底，估值假设做得越仔细，估值结果就会越准确。但是，在资源、耗费的精力和精度之间，估值分析师总需要有一个平衡。

3. **需要输入的假设数据是否充分**。你掌握了多少数据？如果你希望进行一个完整的现金流量折现的价值评估，通常需要有可靠的及更新的当前和未来财务信息。如果没有或者几乎没有可以用来输入的财务数据，那么使用乘数估值法会是一个更好的选择，因为乘数估值法对输入数据的要求比较少。

为了帮助读者能够更容易地做出选择，我们给出以下三个不同级别的价值评估的例子。

1.最简单和最快速的估值方法就是单纯使用相对乘数估值法。使用这种方法估值只需通过将目标公司和上市可比公司的乘数进行对比，计算出公司价值。

2.使用基本面财务比率和相对乘数相结合，评估者通过对比同行的基本数据来对目标公司进行估值。

3.如果读者希望真正彻底地了解目标公司及其价值，我们建议使用独立的估值方式，比如围绕公司的关键价值驱动因素对公司的业务和经营环境进行基础分析的现金流量折现价值评估法。DCF 模型输入变量的合理性也需要进行检验。此外，还需要使用相对和基础乘数估值法来对 DCF 估值进行有效补充。

当需要进行价值评估时，估值分析师通常需要在可用时间和想要达到评估的精确程度及确定性之间进行权衡（见图 8-1）。

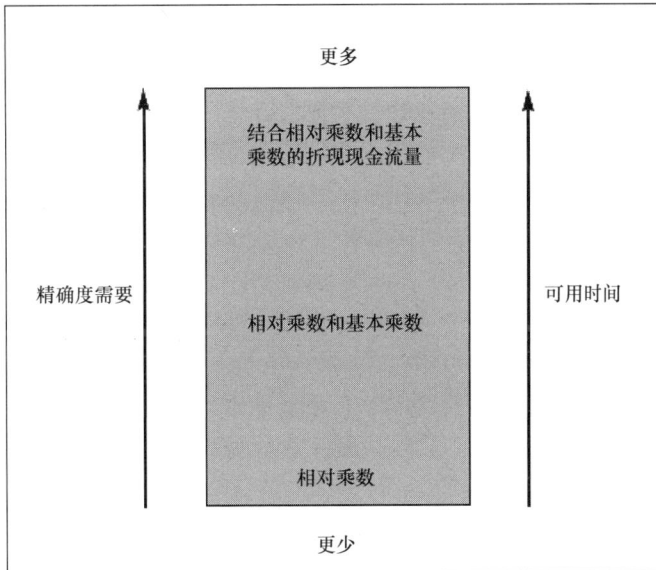

图 8-1 模型的选择

在本章中，我们将上面第三条中所述的内容进行实践。首先，我们要对明确预测期的损益表和资产负债表进行预测。这部分预测对估值结果至关重要，因为财务报表预测的数据决定了很多估值需要的输入数据。

> 从估值的经验法则来说，
> 对于长期假设不要过于激进。

估值是使用历史和当前数据来预测未来数据的一门艺术。已经有研究表明，短期预测可以是相当准确的，但是对于未来的长期预测，其准确程度就会相对较低。因此，从估值的经验法则来说，对于长期假设不要过于激进。

预测未来财务状况的一个最常用的方法是从历史数据着手，分析主要的比率，例如销售收入增长率、边际利润率和营运资本水平等。一般状况为假设在可明确的预测期，历史的趋势会继续维持几年，然后再基于估值分析师对公司、行业及经济形势的预测进行调整。除此而外，对竞争者的财务数据进行分析也是一个明智的选择，通过与竞争者相同的关键比率的分析来找到偏差，可以帮助目标公司找到可能改善的机会或是可能恶化的风险。

在大多数情况下，上述内容仅仅是预测的基础。在某些情况下，我们也许希望能用更全面的估值方法。为了对 Mobitronics 公司及其所在的行业有一个最基本的了解，我们需要从前一章所提到的基本层次分析开始。这样的分析可以将 Mobitronics 公司和其竞争者的历史数据联系在一起，为预测公司的损益表、资产负债表和其他假设提供基础，并为进行现金流量折现估值做好准备。

对 Mobitronics 公司的基础分析

基础分析的方法有很多种，所需要分析的潜在变量也有很多。然而，正如第 7 章中所提到的，七个关键的价值驱动变量已经在很多公司和行业中体现出了其重要性。以这些变量引导估值的进行，而不是将其视为精确的模型，这是很重要的。根据不同情形，我们将这七个变量中的一些从分析中剔除出去，并加入另一些更有用的变量，以使分析达到更完美的状态。很显然，这样的做法取决于目标公司自身及行业的具体状况。

品牌

关于公司品牌的分析可以分成两部分，即品牌忠诚度和品牌认知度。在实践中，品牌优势性的分析可以从很多方法中选择，我们推荐的评估方法如下。

品牌忠诚度：重复购买的消费者所占百分比。

品牌认知度：目标客户群体中能识别公司品牌客户所占的百分比。

通常，公司可以获得品牌认知度和重复消费者的信息。对于 Mobitronics 公司而言，据调查显示，有 65% 的目标客户群体认可该品牌，85% 的消费者是重复购买者。

这些数据很好地体现了 Mobitronics 公司和其当前的客户间保持着非常良好的关系。行业的平均客户流失率大约为 20%，这就意味着 Mobitronics 公司在留住已有客户这方面比其竞争者有很大的优势。由此我们可以推断出，Mobitronics 公司的差异化战略效果很好，其当前客户对于公司产品的质量和服务水平都很满意。

大多数时候，顾客流失率或其忠诚度对于分析公司未来成长所需的成本预算是非常重要的，因为吸引新客户比留住已有客户的花费要高得多。在 Mobitronics 公司获得新客户后，这些新客户将很可能变成重复购买者（公司也会相应地从中获利）。此外，由于公司的重复消费者数量多，单个客户的持续预期累计收益很高，所以开发的新产品和服务的价值也会有所提高。

管理层和董事会过去的业绩和动机

讨论管理层和董事会过去的业绩和动机，因为该变量本身不是硬性的，对其进行估计是很难做到的。正如前一章中对这个话题的讨论所提到的，我们认为将追踪过往业绩表现和动机相结合可以捕捉到这一变量很多重要的特征。因此，关于如何衡量公司管理层过去的表现和动机，建议表述如下。

> 管理层和董事会过去的业绩：选择任何评估者过去认为能够恰当反应公司业务状况的当前或是过去的财务指标，关注该指标是否适用于当前管理层和董事会。
>
> 管理层和董事会动机：基于业绩表现的薪酬和当前管理水平下员工的流失率。

以 Mobitronics 公司为例，在过去的七年已经证实了，Mobitronics 公司当前的管理团队和董事会在发展和管理整个公司方面有很专业的经验和技能。他们已经成功选择了战略决策方向，并且取得了很好的投资回报。正因为如此，管理团队过去的良好表现预示着企业未来的良好发展，管理层和董事会是企业发展最重要的资本。

谈到动机，需要知道的是管理层和董事会中所有的关键人物都持有公司一定数量的股票，或是公司长期期权计划的一分子。因此，管理团队中员工的个人财富在很大程度上和 Mobitronics 公司的股票价格联系在一起。然而，这些员工的固定薪酬相对较低，只占其总收入的 40%。基于公司的现金流量和营业额，管理层和董事会可以拿到额外的现金奖励。换句话说，管理团队毫无疑问会有足够的财务动机来促使他们把公司经营好。如果情况变得糟糕，管理者只能拿到相对较低的基本收入，同时面临着失去他们对公司全部投资的风险。从公司估值的角度看，这一点是正面的有积极作用的，一部分原因在于这样的激励机制将管理层和公司联系在一起，另一部分是因为其将管理层、董事会和股东的利益绑定在一起。最终，管理层和整个公司的员工流失率都会很低。这也意味着公司的整体工作氛围和员工福利政策都很好，优秀员工离职的风险就会进一步降低。

创新能力

开发新产品和服务的能力是企业的一个重要的特征，特别是对于高速增长和创新的行业。这是因为在上述行业中，现有的产品会很快过时，需要很快地开发出新产品来替代旧的产品。创新能力在短时间内不会对收入或是现金流量造成影响，但是它是决定公司长期竞争力的一个很重要的变量。我们已经在前一章中提出了关于如何衡量企业创新能力的建议。

$$创新能力 = \frac{新产品销售收入}{总销售收入}$$

很明显，对于新产品的定义因公司的不同会有所不同，这往往取决于本行业中新产品开发的频率。例如，在移动通信行业，产品的生命周期很少能持续几年以上；而在医药行业，产品的生命周期则可以达到数十年。

Mobitronics 公司的创新能力看起来似乎很强。公司在过去两年中已经成功开发出了两个新的产品领域——移动宽带和移动数据服务。这两种产品都已经从客户那里赚取了不少的利润，特别是移动宽带服务更是在财务上取得了巨大的成功。更为仔细的调查结果显示，Mobitronics 公司 2008 年新产品销售额（过去两年发布的新产品）/ 总销售额的比率为 20%。

独立于个体的技能

正如前一章中所提到的，独立于个体的技能是很难被量化和测量的，其根据行业的不同而有所不同。我们在之前所提到的关于测量独立于个人的技能的方法如下。

独立于个人的知识：顾客、员工和供应商在与公司的交易中涉及一些工厂投资——与这些工厂投资的周转和使用相关的工厂投资。

Mobitronics 公司在减少对员工依赖程度方面做出了很大努力，同时也尽可能实现公司工作流程的自动化和计算机化。高频率重复购买产品的客户是公司非常喜欢的客户类型，其与公司间的业务是通过计算机化的客户支持系统平台处理的。客户数据库以及所有客户通信方式都基于一个 CRM 平台进行存储管理，这一做法在某种程度上将客户关系从单纯依赖员工转移到了依赖公司。在过去三年中，Mobitronics 公司在 IT 方面的投资与总收入的比例为 5%。这一比率要略高于其竞争对手，但是符合公司具备技术优势的形象。此外，公司的采购过程也是基于网络的，当库存量低到一定程度时，公司就会自动发出采购订单。而公司的销售则大多数是基于公司的自营店或是分销商。每一个实体店工作的员工只能代表公司销售的一小部分，因此一个销售员工的离开并不会对公司的整体销售构成威胁。Mobitronics 公司似乎对单独员工的依赖程度不高，这也就降低了公司的经营风险。

然而管理层和董事会的知识却很难独立于个人而转化成 IT 形式，这使得Mobitronics 公司对其管理层和董事会非常依赖。公司已经意识到了这一点，但是鉴于公司的整个管理团队都已经成为公司的股东，有很强的意愿和动机留在公司，因此这一威胁对公司而言也不是很大。

行业增长率

对于特定的行业来说，公司或是行业的增长通常可以被定义为整个行业销售的总增长。行业增长率通常会由行业组织、市场调研公司、投资银行分析师或是公司自己来进行评估。

通常来说，行业增长来自两部分——顾客数量的增加和单一顾客销售额的增加。在过去的几年中，移动通信行业的增长主要是靠不断有新的客户进入到这一市场中。但是在将来，因为市场上大多数人手中已经有一部手机了，行业增长就会越来越依赖于单一客户销售收入的增长。

该行业历史的增长率是 15%~20%，但是这一增长率不太可能再出现了。分析人员认为，截至 2013 年，市场增长率保持在 10%~11%。从 Mobitronics 公司的历史数据看，公司能够很好地保持其市场份额，这一状态也有望一直持续下去。行业及市场发展预测在这一时期后增长将会变得非常困难，因为下一代移动通信网络的问世会对整个行业前景带来很大的影响。尽管行业发展前景不太明朗，分析人员还是对 Mobitronics 公司销售额做出了合理的假设。具体内容为：公司依然可以维持其当前的市场份额，并且每一个用户的消费额也会因使用扩大的多样化服务而有所增加。比较不利的一方面是，随着竞争的不断加剧，吸引新客户的成本逐渐升高，边际收益会相应地有所减少。分析人员认为，该行业长期的增长率应该保持在 4%~5% 之间。

集中程度

通常来说，集中程度是反映行业竞争强度的一个很好的指标。衡量特定行业的竞争强度和目标公司在本行业中地位的一个很好的方法就是测量目标公司的相对市场份额。

相对市场份额：公司销售收入的市场份额与四个最大的竞争者市场份额之和的比率。

集中程度的分析对于公司目前维持的利润水平以及未来可能实现的利润水平做出了很好的暗示。当然，集中程度主要取决于分析人员如何对需要分析的行业进行定义。我们对于 Mobitronics 公司所处市场的定义为：销售移动网络产品和移动服务给终端客户的所有公司。在大多数国家，移动通信行业是由少数几个公司寡头垄断的卖方市场。随着移动通信市场的国际化和第四代移动网络（4G）的问世，行业竞争加剧，边际利润率进一步降低，上述国家寡头垄断的格局有望发生变化。

目前的行业竞争状态对于 Mobitronics 公司而言是非常有利的，公司的利润率也相对较高。Mobitronics 公司大约占 22% 的市场份额。由于整个市场中只有四家公司，即这四家占有了 100% 的市场份额。因此，Mobitronics 公司的相对市场份额也是 22%。公司息税折旧摊销前（EBITDA）的利润率大约为 44%，预测在行业结构保持不变的前提下，公司也会相应地维持现状。由于第四代移动网络的问世会对产业结构造成影响，Mobitronics 公司的长期 EBITDA 利润率大约会降到 30%。

进入壁垒

集中程度体现了行业目前的竞争状况，但是并不能对行业结构的稳定性给出任何有价值的信息。因此，我们需要分析行业的进入壁垒，它将对行业未来发展状况和行业目前竞争态势的稳定性给出大量的相关信息。衡量进入壁垒最常用的方法如下。

> 进入壁垒：在行业中建立一个有竞争力的公司所需要花费的时间和成本。

移动通信行业的进入壁垒非常高，至少对于一家新的公司而言是这样。新进入的公司需要在移动网络、销售、客户服务及产品开发等方面进行巨额投资，这将需要耗费很长的时间和巨额的成本。然而，鉴于全新的技术变革已经来临，竞争加剧的可能性也有所增加。为了能够提供 4G 服务，像 Mobitronics 一样提供 3G 服务的公司必须搭建起一个全新的网络平台。这就意味着，之前的基础网络投资不再是竞争者进入的壁垒。但是，想投资成为一个区域市场上全面提供 3G 服务供应商的预期花费为 8 亿到 10 亿欧元，并且需要花费大约三年的时间。因此，几乎不可能出现许多小的竞争厂商大打价格战、破坏行业收益率的情况。因此，预计直到 2011 年第一家开始提供 4G 服务的公司出现，目前的行业结构仍然是被很好地保护着的。2011 年后，该行业保持其高度集中性的可能性依然很大。

Mobitronics 公司现金流量折现价值评估

通过七个关键价值驱动因素，我们已经对 Mobitronics 公司有了很深入的了解，是时候进入到核心的估值部分、完成 Mobitronic 公司的估值了。我们将使用在第 6 章中所阐述的麦肯锡现金流量折现估值法，完成如下五个步骤。

1. 加权平均资本成本——WACC。

2. 明确预测期的自由现金流量。

3. 高速增长期的现金流量。

4. 终值。

5. Mobitronics 公司的总价值。

在第一个步骤开始前，我们需要 Mobitronics 公司 2009 年损益表和资产负债的历史数据，同时还要预测其 2010—2013 年的数据，如表 8-1 所示。

表 8-1　Mobitronics 公司历史（2009）和预测（2010—2013）损益表和资产负债表

损益表　　　　　　　　　　　　　　（单位：百万欧元）

年份	2009	2010	2011	2012	2013
销售收入	4 640	5 313	5 897	6 388	6 993
增长率（%）	11	15	11	8	9
营业成本	−2 586	−3 025	−3 391	−3 868	−4 201
增长率（%）	10	17	12	14	9
EBITDA	2 054	2 288	2 506	2 520	2 792
折旧	−434	−542	−675	−778	−881
息税前利润（EBIT）	1 620	1 746	1 831	1 742	1 911
利息支出	−31	−35	−52	−157	−188
利息收入	21	23	40	73	94
税前利润	1 610	1 734	1 819	1 658	1 817
所得税	−453	−498	−529	−507	−546
净利润	1 157	1 236	1 290	1 151	1 271

资产负债表　　　　　　　　　　　　（单位：百万欧元）

年份	2009	2010	2011	2012	2013
商誉	73	58	43	27	11
固定资产净值	2 771	3 224	4 364	8 102	8 567
应收账款和其他流动资产	971	937	1 135	1 229	1 746
现金及等价物	36	818	1 591	1 881	1 834
总资产	3 851	5 037	7 133	11 239	12 158
股东权益	2 045	2 873	4 112	5 210	5 908
递延所得税	482	416	845	1 539	1 248
有息负债	245	516	808	2 008	2 508
应付账款和其他负债	1 079	1 232	1 368	2 482	2 494
负债和所有者权益合计	3 851	5 037	7 133	11 239	12 158

第一步　计算资本成本——加权平均资本成本

资本成本可以对应公司未来现金流量中固有的风险。我们可以将未来现金流量划分成财务风险（财务杠杆增加、利息保障倍数减少等）和经营风险（竞争加剧、进入壁垒降低等）。公司通常需要对这两种类型的风险加以平衡。如果公司的经营风险比较高，那么其财务风险应当略低，反之亦然。

加权平均资本成本是权益投资和债务的平均资本成本，其计算公式为

$$\text{WACC} = \frac{E}{D+E} \times C_E + \frac{D}{D+E} \times C_D \times (1-T)$$

式中：E 表示股本的市场价值；

　　　D 表示债务的市场价值；

　　　C_E 表示股东权益成本；

　　　C_D 表示债务成本；

　　　T 表示税率。

最佳资本结构

决定加权平均资本成本的第一步是评估公司的长期最佳资本结构（在公司没有达到成熟期时，长期的资本结构通常与当前资本结构不同）。Mobitronics 公司只有普通股权和简单的债务类融资，其资本结构相对简单，我们只需要分析公司的负债权益比率即可。（如果公司的融资结构比较复杂，包含夹层债务或是可转换债券，计算原理相同，但计算过程却大不相同。有关细节，请参考本书后面延伸阅读的文献）。

$$\text{负债 / 权益比率} = \frac{\text{债务}}{\text{股东权益}}$$

评估长期资本结构的过程包括以下四个步骤：①基于市场价值的当前资本结构；②可比公司的资本结构；③基于公司融资政策和公司战略，未来可能的资本结构；④在达到尽可能低的 WACC 的同时，能够提供足够的利息保障倍数并且能平衡经营风险和财务风险的最佳资本结构。

首先，我们要基于市场价值来计算当前的负债权益比率。正如第 6 章中所提到的，债务需要进行调整（基本上需要加上或是减去实际利率和当前新增贷款边际利率间差异的净现值）。

债务的市场价值＝资产负债表上的债务面值 × 债务市场价值的合理调整

对于 Mobitronics 公司而言，我们认为债务的市场价值和账面价值一样，因为公司的债务是最近刚刚通过再融资完成的。近期发生的再融资可以看成最近市场的价值水平，市场价值可以由此确立。因此，公司的债务市场价值等于 2.45 亿欧元。

事实上，股本的市场价值正是我们用现金流量折现估值所需要确定的价值。为了解决这一循环问题，我们将会使用公司在股票市场上的价值。公司所有股份的价值通常叫作公司的市场资本总额。

市场资本总额 = 每股价值 × 流通在外的总股票数

Mobitronics 公司的股本市值为 40 × 409 692 300=163.877 亿欧元。

基于上面的两个数据，我们可以简单地使用公司的付息债务除以股本的市场价值，由此得到公司的负债 / 权益比率为

$$\text{Mobitronics 公司当前负债权益比率} = \frac{2.45}{163.877} = 0.01495 \approx 1.5\%$$

其次，我们要对 Mobitronics 公司主要竞争者的资本结构进行分析。Mobitronics 公司主要竞争者的平均负债权益比为 0.51，相比较而言 Mobitronics 公司的资本结构明显不够激进。事实上，Mobitronics 公司目前的资本结构是极其保守的。

另一个值得分析的数据是基于资产负债表上的负债权益比率。管理层团队已经对外宣布，公司希望能在未来采用相对激进一些的资本结构。通过预测的资产负债表上的数据可以看出，截至 2013 年明确预测期的期末，公司账面的负债权益比率为 42.5%（2 508/5 908），这一数据相比 2009 年 11.98%（245/2 045）的比率已经高出近 3 倍。

假设负债权益比率为 0.42，我们将会得到如下利息保障倍数：

$$\text{预测的利息保障倍数} = \frac{\text{预测的 2013 年 EBITDA}}{\text{预测的 2013 年利息费用}} = \frac{2\,792}{188} = 14.85$$

14.85 这一利息保障倍数看似极其安全，但是考虑到公司即将面临高度的经营风险——公司很快会将大笔投资用于新的通信系统和进入新的市场，14.85 这一利息保障倍数也是相对合理的。

最后，我们可以估计在满足足够的利息保障倍数的前提下可能的最大负债权益比率。我们将"充足的利息保障倍数"定义为"投资等级"，令投资者满足的投资等级为 2 级，也就是说 EBITDA 至少应该是利息总数的 2 倍，这是最基本的投资等级要求。由此，我们可以得出以下等式：

$$\frac{2\,792}{2} = 0.065 \times \text{债务，因此债务} = 21\,477$$

由此可以得出，基于资产负债表上的价值，有足够利息保障率的最大负债权益比率为

$$\frac{债务}{股本} = \frac{21\,477}{2\,045} = 10.5$$

在标准"投资等级"的限定条件下，Mobitronics 公司的债务最大可以超出其股本 10.5 倍。当然，这是一个很极端的例子。在既定经营风险的前提下，这一负债权益比率意味着公司将面临非常大的财务风险。

因此，在给定的四个不同级别的负债权益比率中，我们会使用 0.42 这一目标比率，其原因如下：它给出了公司所需的融资——不多也不少；它与公司管理层对经营风险的评估相吻合；它提供了足够的利息保障倍数；与同行业负债权益比率相比，目标比率的设定非常合理。

资本成本——股本融资

股本融资成本由两部分构成，即无风险利率和与股本投资风险水平相应的额外的回报。在决定股本成本时，我们最常用到的模型就是资本资产定价模型（Capital asset pricing model，CAPM）。

> **股本成本 = 无风险利率 + 市场风险溢价 × β 系数**

我们会使用下面的一些数据来作为资本资产定价模型的输入变量：

- 无风险利率——对于 Mobitronics 公司，我们将使用 10 年期债券，利率为 4%。
- 市场风险溢价——因为 Mobitronics 公司所有的经营和收入都是在欧洲进行的，其股票也是在欧洲交易，所以我们使用 2009 年秋欧洲的市场风险溢价，大约为 4.5%。
- β 系数——Mobitronis 公司交易的股票 β 系数为 1.73。

将这些数值应用于 Mobitronics 公司的股本成本中，可以得到如下计算公式

Mobitronic 公司的股本成本 =4%+4.5%×1.73=0.118=11.8%

债务成本

债务成本是公司从借款人那里筹集更多的资金所必须支付的利率成本。因此，当

公司需要借钱时，应当使用当前市场上的利息率作为债务成本的标准，而不是公司融资的历史成本。通常来说，公司简单融资的债务成本计算方法如下：

债务成本 = 无风险利率 + 公司风险溢价

最好的当前债务成本估算当然是公司最近融资时所需要支付的利息率。就Mobitronics 公司的例子而言，其当前资产负债表中大部分的债务都是在不久前再融资发生的，公司所支付的利息率为 6.5%，所以这一利率我们可以在估值计算中使用。

计算加权平均资本成本——WACC

当我们已经有了目标资本结构、股本成本和债务成本后，就可以通过 WACC 的计算公式来决定 Mobitronics 公司的资本成本。首先，我们需要通过下面的方法将 D/E 比率转换成 D/（D+E）比率和 E/（E+D）比率。

利用已有的 D/E 比率为 0.42，我们可以计算出 E/D 比率为

$$\frac{E}{D} = \frac{1}{D/E} = \frac{1}{0.42} = 2.38$$

现在对 D 和 E 分别取绝对值（1 和 2.38），我们可以使用 WACC 公式，得到

$$WACC = \frac{E}{D+E} \times C_E + \frac{D}{D+E} \times C_D \times (1-T)$$

$$= \frac{2.38}{1+2.38} \times 0.118 + \frac{1}{1+2.38} \times 0.065 \times (1-0.3)$$

$$= 0.083 + 0.0135 = 0.0965 = 9.65\%$$

基于公司长期的资本结构、股本成本和债务成本，我们计算 Mobitronics 公司加权平均资本成本为 9.5%。

第二步　估算明确预测期的自由现金流量

确定明确预测期应该是多久

Mobitronics 公司目前正在经历快速的发展期，公司的息税前利润、营运资本变化和其他关键变量预计在未来四年内都会有很大的变化。因此，我们认为将公司明确的预测期定义在 2010—2013 年，预测这几年的自由现金流量是很合理的。从 2014—

2018 年，我们预测 Mobitronics 公司会有一个稳定的增长率，这个增长率会超过公司长期不变的增长率，就是所谓的"高速增长率"。

从 2019 年起，公司和整个行业都会进入到一个相对的成熟期，自由现金流量的增长率会达到一个长期稳定的值。需要注意的是，在我们的案例公司中，营运资本或是投资的波动和息税前利润的波动是相互保持平衡的。而在这一行业中，情况不一定是这样的，规模经济或是进入壁垒可以使得公司的息税前利润的增长速度大于营运资本或是投资额的增长速度，从而使公司获得一个较高的长期投入资本回报率。

分析和确定 2010—2013 年的息税前利润

2010—2013 年期间的息税前利润是从预测的损益表中得到的。如果作为估值分析师，你没有从公司拿到预测的财务报表，将不得不基于手中所有的信息来自己做预测。正如前文中所提到的，销售收入是最难预测的。在移动通信行业中，签约新的客户或是已有客户消费额的增加都可以带动公司销售收入的增加，息税前利润也会随之增加。Mobitronics 公司在行业中的地位和这一行业进入壁垒的现状让我们有理由相信，公司至少会和市场的发展保持一致。因此，我们接受公司销售收入的增长率为 2010 年增长 15%，2011 年增长 11%，2012 年增长 8% 以及在 2013 年增长 9%。预期成本的增长率也与公司的估计保持一致。

Mobitronics 公司 2010—2013 年损益表的预测状况如表 8-2 所示。

表 8-2 Mobitronics 公司 2010—2013 年的预测损益表 （单位：百万欧元）

年份	2010	2011	2012	2013
销售收入	5 313	5 897	6 388	6 993
增长率（%）	15	11	8	9
营业成本	−3 025	−3 391	−3 868	−4 201
增长率（%）	17	12	14	9
EBITDA	2 288	2 506	2 520	2 792
折旧	−542	−675	−778	−881
息税前利润	1 746	1 831	1 742	1 911

估算基于息税前利润的现金所得税

正如第 6 章中所讲到的，损益表中的所得税需要转换成为基于息税前利润的所得税。在现金流量折现模型中，利息费用的抵税效应在计算加权平均资本成本时已经被考虑在内了（减少了加权平均资本成本，因此增加了公司的价值），因此利息费用的抵税额要在计算自由现金流量时加回去。Mobitronics 公司 2010—2013 年基于息税利润的所得税计算如表 8-3 所示。

表 8-3　Mobitronics 公司 2010—2013 年基于息税利润的所得税计算

（单位：百万欧元）

年份	2010	2011	2012	2013
损益表上的所得税	498	529	507	546
+ 利息费用抵税	10.5	15.6	47.1	56.4
– 利息收入所得税	–6.9	–12	–21.9	–28.2
– 非经营收益所得税	0	0	0	0
基于息税前利润的现金所得税	501.6	532.6	532.2	574.2

利息费用的抵税效应和利息收入所得税的计算非常简单，例如，表 8-3 中 2010 年抵税费用的计算为

$$税率 \times 利息支出 = 0.3 \times 35 = 10.5$$

利息的收入所得税为

$$税率 \times 利息收入 = 0.3 \times 23 = 6.9$$

折旧费用

折旧费用包含在从息税前利润减去的所有成本中，但不代表从公司真实的现金流出。折旧费用不会导致公司真正的现金支出，只是作为会计准则的要求，将公司固定资产的投资成本分摊到资产的整个使用寿命当中，因此在估算公司自由现金流量时需要将折旧加回到息税前利润上。

对于 Mobitronics 公司而言，我们可以直接在损益表上获得其折旧费用，如表 8-4 所示。

表 8-4　Mobitronics 公司 2010—2013 年折旧费用　　（单位：百万欧元）

年份	2010	2011	2012	2013
折旧	542	675	778	881

估算 2010—2013 年的资本支出

当对损益表和资产负债表进行预测时，估值分析师需要对资本支出有简单的了解。我们一旦有了预测好的资产负债表，每一年的资本支出就可以通过损益表和资产

负债表中固定资产净值的增加加上同时期的折旧计算得出。通常来说，固定资产的增加是最难预测的。如果没有明显的规模经济存在，预期内也没有大规模的投资计划，预测固定资产的增加可以通过每单位销售收入的增加需要一定单位数量的固定资产增加相匹配这一方法来实现。

在移动通信行业，预计公司主要的资本支出就是对第四代移动通信网络的投资。这一投资预测相当复杂，在这里我们需要或多或少地将其简化处理。这就意味着公司在 2010—2013 年的投资额度会非常高，但是从 2014 年起会下降到与其收入相匹配的水平，详情如表 8-5 所示。

表 8-5　Mobitronics 公司预计 2010—2013 年资本支出　（单位：百万欧元）

年份	2010	2011	2012	2013
固定资产净值增加	453	1 140	3 788	465
+ 折旧费用	542	675	778	881
资本支出	995	1 815	4 516	1 346

预测 2010—2013 年的营运资本

表 8-6 列出了 Mobitronics 公司 2010—2013 年营运资本变化的估算值。这对销售收入的估算是非常重要的，因为营运资本的波动趋势与销售收入的波动是相关联的。

表 8-6　Mobitrnics 公司预计 2010—2013 年营运资本变化　（单位：百万欧元）

年份	2010	2011	2012	2013
+Δ 现金及等价物	782	773	290	-47
+Δ 应收账款和其他流动资产	-34	198	94	517
-Δ 应付账款和其他无息负债	153	136	1 114	12
营运资本的变化	595	835	-730	458

注：Δ＝增加/减少

商誉投资

商誉是指投资收购成本超过其账面价值的金额。计算商誉投资最好的方法是计算资产负债表上近两年间商誉的变化再加上当年所减值的商誉价值。

Mobitronics 公司在未来几年内不会有任何收购的行为，因此预计不会有新商誉的增加。

预测 2010—2013 年明确预测期的现金流量并折算成现值

预测 2010—2013 年的现金流量，并利用之前得到的资本成本将现金流量进行折现。注意，第一年的现金流量只需要折现一年，第二年的折现两年，依次类推，然后将所有折现后的现金流量加总到一起。不要忘记将每一年的潜在损失从其他年度的潜在收益中减去，因为这将对税收有所影响，进而会影响到每年的自由现金流量（见表 8-7）。

表 8-7　2010—2013 年自由现金流量现值　　（单位：百万欧元）

年份	2010	2011	2012	2013
EBITDA	2 288	2 506	2 520	2 792
折旧	−542	−675	−778	−881
息税前利润	1 746	1 831	1 742	1 911
基于息税前利润的现金所得税	−501.6	−532.6	−532.2	−574.2
税后营业利润（NOPLAT）	1 244.4	1 298.4	1 209.8	1 336.8
折旧	542	675	778	881
现金流量总计	1 786.4	1 973.4	1 987.8	2 217.8
资本支出	−995	−1 815	−4 516	−1 346
营运资本变化	−595	−835	730	−458
自由现金流量	196	−676.6	−1 798.2	413.8
加权平均资本成本	9.65%	9.65%	9.65%	9.65%
自由现金流量现值	179.1	−562.7	−1 364.0	286.3

从 2010 年到 2013 年，所有折现的现金流量之和为

$$179.1 - 562.7 - 1\,364 + 286.3 = -1\,461.3（百万欧元）$$

第三步　预测高速增长期的自由现金流量

正如前文所提到的，公司很少可以直接从高速增长期进入到长期稳定的增长期。在这之间，通常会有几年，公司会经历一段相对高速的增长期。在计算终值的时候，这段相对高速的增长期要分开单独计算。当估算这几年的自由现金流量时，我们不会对每个科目进行详细预测，例如税前利润、营运成本的变化等进行单独预测，而是会直接预测自由现金流量。

我们预测从 2014 年到 2018 年，Mobitronics 公司的稳定增长率为 8%，我们相信第四代移动通信网络将会增加单一客户的销售收入，因此增长率也会有所提高。所有的重大投资也会继续发挥效用。需要注意一点，2010—2013 年期间的主要投资对于这些年的自由现金流量有着非常重大的影响。而到 2014 年，投资将会如期结束。因此，

当预测 2014 年的自由现金流量时，我们会假设 2014 年的现金流量总计也会增长 8%，但是会将资本支出调整到新的"正常"的投资水平。所谓正常水平，是将资本支出降低到前一年息税前利润的 46.3%，计算如下：

$$2014 \text{ 年现金流量总计} = 2013 \text{ 年现金流量总计} \times (1+2014 \text{ 年增长率})$$
$$= 2\,217.8 \times 1.08 = 2\,395 \text{（百万欧元）}$$

$$2014 \text{ 年资本支出} = \text{正常化投资水平} \times 2013 \text{ 年息税前利润} \times (1+2014 \text{ 年增长率})$$
$$= 0.463 \times 1\,911 \times 1.08 = 955.5 \text{（百万欧元）}$$

$$2014 \text{ 年营运资本变化} = 2013 \text{ 年营运资本变化} \times (1+2014 \text{ 年增长率})$$
$$= 458 \times 1.08 = 494.6 \text{（百万欧元）}$$

$$2014 \text{ 年自由现金流量} = 2014 \text{ 年现金流量总计} - 2014 \text{ 年资本支出} - 2014 \text{ 年营运资本变化}$$
$$= 2\,395 - 955.5 - 494.6 = 945 \text{（百万欧元）}$$

上述计算过程只需要用在高速增长期的第一年。2014—2018 年间高于正常增长期的增长率计算如表 8-8 所示。需要注意的是，每年的现金流量都需要按照加权平均资本成本的年数次幂折算成现值。五年的现金流量现值总计为 28.93 亿欧元。

表 8-8　2014—2018 年高速增长期间现金流量的计算　　（单位：百万欧元）

年份	2014	2015	2016	2017	2018	总计
自由现金流量增长率	8%	8%	8%	8%	8%	
自由现金流量	945	1 021	1 102	1 190	1 286	
加权平均资本成本	9.65%	9.65%	9.65%	9.65%	9.65%	
折现因子 $1/(1+WACC)^n$	63%	58%	52%	48%	44%	
自由现金流量现值	596	587	578	570	561	2 893

第四步　估算终值

确定从 2019 年起自由现金流量的稳定增长率

当计算 Mobitronics 公司自由现金流量的长期增长率时，分析公司本身和移动通信行业是非常重要的。公司及其行业会在 2019 年后按照什么样的趋势发展？通常来说，这样的分析是非常实质性的分析，也是非常难预测的。然而，正如前文所述，因为自由现金流量的长期增长率会对终值有非常大的影响，其通常会占到公司总估值的 70%~80%。因此，花时间将预测做到尽量完美是值得的。需要记住的是，当计算终值时，我们需要做三个很重要的假设，即 Mobitronics 公司从 2019 年起一直经营到无限期这段时间里：

- 获得稳定的边际利润；
- 以稳定不变的增长率增长；
- 在所有新的投资项目上获得稳定的回报率。

如果以上三个假设不能成立，我们就必须将明确预测期或者高速增长期延长，一直到上述假设成立。

正如前文所提到的，一个公司的增长率从长期的角度来看很少会高于整个行业的增长率。国民生产总值、行业增长率和特定公司的增长率需要在某一点汇合，而这一点在理论上讲通常是终值期的第一年。我们之前通过七个关键价值驱动因素进行的基础分析，让我们相信从 2019 年起到未来，息税前利润的增长会影响现金流量的增长，使其增长率为 5%。这就意味着，我们相信 Mobitronics 公司的增长率会略高于其行业水平，其大体上处于较高的期望增长率范围内。

这一分析是基于整个手机市场处于相对活跃状态的这一大趋势而得出的，同时考虑到公司在市场中的地位、客户资源储备、公司当前和未来产品及服务以及公司不依赖于关键员工这一业务模式。通过绘制 Mobitronics 公司当前和未来的暂时垄断地位图，可以清晰地看到公司在同行业中的地位是非常具有吸引力的。从垄断分析图可以看出，公司有能力维持并增强其当时所处的市场地位，并同时能够进入新市场（包括国内市场和海外市场）。简单来说，Mobitronics 公司应该能够进一步利用其当前的市场地位，为其带来源源不断的利润。

计算终值

终值可以按照下面的计算公式进行计算：

$$终值 = \frac{FCF_{n+1}}{WACC - g}$$

式中：FCF_{n+1} 表示明确预测期后第一年的自由现金流量，在这里是 2019 年；

　　　WACC 表示加权平均资本成本；

　　　g 表示自由现金流量的长期增长率。

因为终值是在 2019 年计算得出的，所以还需要将其折现为现值。对于 Mobitronics 公司而言，我们可以使用高速增长期最后一年的自由现金流量——12.86 亿欧元进行计算。从 2019 年年初开始的现金流量，我们将用 12.86 亿欧元乘以 1 和估算的长期稳定增长率（5%）的和来计算得出。根据终值计算公式，分母的计算方法为加权平均资本成本 9.65% 减去长期增长率 5%。两个计算结果相除，就可以得出终值。最终，再将计算结果进行折现。具体的计算过程如下。

> 估算的 Mobitronics 公司终值（百万欧元）（2019 年以后）
>
> $$2018 \text{ 年的终值} = \frac{1\,286 \times 1.05}{0.0965 - 0.05} = 29\,039 \text{（百万欧元）}$$
>
> $$2009 \text{ 年终值现值} = \frac{29\,039}{(1 + 0.0965)^9} = 12\,674 \text{（百万欧元）}$$

第五步　估算公司最终的现金流量折现价值

将所有现金流量现值相加得到公司价值

将三个阶段——明确预测期、高速增长期和终值期的现金流量现值相加，然后再加上 / 减去所有非营业现金流量现值（如果有的情况下），由此而得到的合计值即为 DCF 模型所得到的公司价值，它代表着公司所有利益相关者最终可以得到的自由现金流量。

Mobitronics 公司没有非营业现金流量，因此我们只需要简单地将三个阶段的现金流量现值相加即可。

> Mobitronics 公司理论上的公司价值 =
>
> -1 461+2 893+12 674=14 106（百万欧元）

减去债务的市场价值得到公司股本价值

从公司总价值中减去公司的负债、少数股东权益、养老金以及其他要求权的市场价值，就可以得到公司的股本价值，也就是归属于公司股东的资本，也可以称为市场价值或是权益价值。

Mobitronics 公司没有少数股东权益、养老金以及任何其他要求权等债务，所以我们只需要简单地从公司价值中减去债务的市场价值。

> Mobitronics 公司的股本价值 =14 106−245=13 861（百万欧元）

因此，Mobitronics 公司的理论股本价值为 138.61 亿欧元。

每股价值

如果我们想要得到基于 DCF 的每股股价，只需要用公司股本价值除以公司流通在外的总的股票数即可。Mobitronics 公司流通在外的股票数共为 409 692 300 股。

$$\text{Mobitronics 公司每股股价} = \frac{13\,861\,000}{409\,692\,300} = 33.8（欧元）$$

基于我们的估值和假设，Mobitronics 公司的每股股价为 33.8 欧元。其当前的市场价值为 40 欧元，其实际股票价格明显高于我们估算的理论价格。到此为止，Mobitronics 公司的现金流量折现估值全部完成，表 8-9 是对所有估值的总结。

表 8-9　Mobitronics 公司的现金流量折现价值评估总结

加权平均资本成本	9.65%
明确预测期内企业价值期现金流量现值	−1 461 百万欧元
高速增长期现金流量的现值	2 893 百万欧元
终值期现金流量的现值	12 674 百万欧元
非营业性现金流量现值	0
所有现金流量现值合计——公司价值	14 106 百万欧元
债务的市场价值	245 百万欧元
股本的价值	13 861 百万欧元
Mobitronics 公司流通在外的普通股股数	409 692 300
Mobitronics 公司每股的理论价格	33.8 欧元
Mobitronics 公司当前每股的市场价格	40 欧元

情景分析

当使用现金流量折现分析法进行公司估值时，引入情景分析是非常有必要的。因为公司所有的价值都取决于其未来现金流量，但是未来是不确定的。在基于基本情景的状况下，加入至少两种其他的情景，会为公司估值带来很多益处。估值分析师通常会对公司和行业发展预测一个高于基本状况的乐观情景（高情景），也会预测一个低于基本状况的不那么乐观的情景（低情景）。鉴于终值对整个公司价值的作用是非常重要的，而且终值又是最难估计的，所以在估算终值时，用情景分析法是最有益处的。以公司的财务预测为起点进行估值分析，我们对于明确预测期和高速增长期的假设不存疑虑，因此会集中精力对终值期的假设进行详细的分析。

对 Mobitronics 公司的乐观情景分析中，我们会使用如表 8-10 所示的关键终值假设。

表 8-10　乐观情景分析中使用的关键终值假设

（单位：百万欧元）

股本成本	债务成本	加权平均资本成本
11.8%	6.5%	9.65%
FCF_{n+1}	负债权益比率	增长率
1 350	0.42	6%

将这些假设应用于终值的计算中，可以得到如表 8-11 所示的结果。

表 8-11　乐观情景分析中的计算结果

终值自由现金流量现值	16 142 百万欧元
所有现金流量现值合计 = 公司价值	17 574 百万欧元
股本价值	17 329 百万欧元
股票每股理论价值	42.3 欧元

对 Mobitronics 公司的悲观情景分析中，我们会使用如表 8-12 所示的关键终值假设。

表 8-12　悲观情景分析中使用的关键终值假设　（单位：百万欧元）

股本成本	债务成本	加权平均资本成本
11.8%	6.5%	9.65%
FCF_{n+1}	负债权益比率	增长率
1 200	0.42	4.5%

将这些假设用于终值的计算中，可以得到如表 8-13 所示的结果。

表 8-13　悲观分析情景中的计算结果

终值自由现金流量现值	10 169 百万欧元
所有现金流量现值合计 = 公司价值	11 601 百万欧元
股本价值	11 356 百万欧元
股票每股理论价值	27.7 欧元

检查基本假设

在设定假设时反复进行仔细推敲是很重要的，检查假设的合理性更加重要。在这里，我们用前面所学到的框架来检查假设，这一做法将有助于分析我们在 DCF 模型中使用到的假设相对于其他重要的财务比率意味着什么。Mobitronics 公司基础情景估值下所隐含的假设显示在表 8-14 中。

表 8-14　基础情景下现金流量折现价值评估明确和隐含的假设

（单位：百万欧元）

股本成本（C_E）	债务成本（C_D）	加权平均资本成本	
11.8%	6.5%	9.65%	
投资总额（Invest）	自由现金流量长期增长率（g）	用于计算终值 FCF 的 FCF（FCF_{n+1}）	
1 638	5%	1 350	
负债权益比率	债务价值（MD）	税率（T）	股权价值（MV）
0.42	245	30%	13 861

在一些特定的条件下，用于估值的假设可以用一些事实来进行验证。现金流量折现模型和一些其他的财务模型以及财务比率的估值应当是一致的。我们将注意力集中在终值期间 DCF 模型的假设，以及分析这些假设条件下长期均衡状态的比率状况。换句话说，我们在评估时忽略了 2019 年前所有的假设，这种只关注终值期的做法看起来有些不合乎常理。但是正如之前所提到的，我们在对 Mobitronics 公司的估值中看到了，终值在公司价值中占有很大的比例。

我们已经有了分析所需要的所有变量，除了一个变量——资本性支出，这一变量需要通过计算得出。如前所述，由于规模经济和从 2012 年到 2013 年起大量新型基础建设的投资，我们相信在这之后相对于维持稳定的息税前利润，资本性支出会有所下降这一假设是合理的。因此，我们认为将资本性支出的计算基于高速增长期最后一年是合理的，那一年我们估算长期资本性支出是息税前利润的 46.3%。在 2014—2018 年 Mobitronics 公司的高速增长期间，自由现金流量相对于其息税前利润有所增长，部分原因就是这期间资本性支出总量的下降。因此，当估算 2018 年高速增长期最后一年的资本性支出时，我们用 2014 年预测的资本性支出乘以 8% 的增长率，直到 2018 年结束，具体计算如下。

$$2018 年预测投资资本 =2018 年资本支出$$
$$=955.5 \times 1.08^5 = 1\ 404（百万欧元）$$

接下来，我们将会用一些最常见的比率来检查现金流量折现估值中明确的和隐含的假设。常用的比率包括资本回报率（ROC）、股本回报率（ROE）、市盈率（P/E）和市净率（P/B）。

隐含的资本回报率

首先，我们来看一下现金流量折现假设条件下隐含的资本回报率是多少。资本回报率的计算公式为

$$ROC = \frac{NOPAT \times g}{invest}$$

式中：NOPAT 表示终值期第一年的长期税后净营业利润；

invest 表示为了达到长期税后净营业利润所需要的新投资额度，即 2019 年后的预测投资。

$$2019 年现金流量 = 1\ 286 \times 1.05 = 1\ 350（百万欧元）$$
$$2019 新增投资 = 1\ 404 \times 1.05 = 1\ 474（百万欧元）$$

对于 Mobitronics 公司而言，我们计算的长期税后净营业利润为

$$NOPAT = 2019 现金流量 + 2019 新增投资 = 1\ 350 + 1\ 474 = 2\ 824（百万欧元）$$

已知长期税后净营业利润为 28.24 亿欧元，增长率和投资额已经给出，我们计算 Mobitronics 公司的资本回报率为：

$$Mobitronics 公司资本回报率 = \frac{2\ 824 \times 0.05}{1\ 474} = 0.095\ 8$$

从长期来看，Mobitronics 公司的资本回报率最终可以达到 9.58%，而公司的加权平均资本成本率为 9.65%。该资本回报率是一个相对保守的计算，因为实际上，这样的运算结果意味着公司资本的损失（因为资本回报率低于资本成本）。然而，我们没有理由因为这个而感到焦虑。只要两者间的差异没有上面所举例子中的差异那

么大，我们就不需要对公司进行重新估值，而只需要将这种差异看成解释为什么对Mobitronics公司的估值是保守的理论依据。

许多学者认为，从长远的角度看，公司几乎不可能长期维持一个回报率高于资本成本的状况，两者间的差距最终趋近于零。这一观点对于评估估值结果来讲是一个非常有价值的检验点。如果我们的DCF模型隐含的长期资本回报率明显高于公司的资本成本，这样的估值可能就太激进了，我们就需要重新对终值的假设和估值进行评估或者准备好对评估结果进行重新论证。如果两者间的差距不太大，就不需要重新评估结果，只需要将其作为激进、适度和保守三个评估结果中的一个来看待。

隐含的股本回报率

我们现在开始讨论股本回报率，其计算公式为

$$ROE = \frac{g}{1-P}$$

式中：g表示自由现金流量的长期增长率；

P表示股息支付率，其计算方法为股息除以净利润。

股息和净利润的计算方法为

$$股息 = 自由现金流量 + 新债务 - 税后利息支出$$

$$新债务 = 债务的市场价值 \times 增长率$$

$$税后利息支出 = MD \times C_D \times (1-T)$$

$$MD = 长期债务的市场价值 = EV \times \frac{D}{D+E}$$

式中：EV表示通过DCF模型计算出的公司价值；

D/（D+E）表示公司资产负债率；

C_D表示债务成本；

T表示税率。

净利润的计算为

$$净利润 = 股息 + 投资 - 新债务$$

我们先从计算 Mobitronics 公司的资本负债率、债务的市场价值、税后利息支出、新债务和股息开始。资产负债率的计算方法与前面计算加权平均资本成本时一样，如果 D/E=0.42，那么 E/D=1/（D/E）=1/0.42=2.38。由此可以得出 D/（D+E）=1/（1+2.38）=0.295 8=29.58%。

$$长期债务的市场价值 = EV \times \frac{D}{D+E}$$
$$= 14\ 106 \times 0.295\ 8 = 4\ 173$$

$$利息支出 = MD \times C_D \times （1-T）$$
$$= 4\ 173 \times 0.065 \times （1-0.3）= 189.8$$

$$新债务 = 债务的市场价值 \times g$$
$$= 4\ 173 \times 0.05 = 208.65$$

$$股息 = 2019 年自由现金流量 + 新债务 - 税后利息支出$$
$$= 1\ 350+208.65-189.8 = 1\ 368.85$$

有了股息后，净利润就可以很容易计算出来。

$$净利润 = 股息 + 投资 - 新债务$$
$$= 1\ 368.85+1\ 474-208.65=2\ 634.2$$

已知净利润和股息后，股息支付率为：

$$股息支付率 = \frac{股息}{净利润} = \frac{1\ 368.85}{2\ 634.2} =0.519\ 6$$

最终，股本收益率的计算如下：

$$ROE= \frac{0.05}{1-0.519\ 6} =0.104\ 1=10.41\%$$

和资本回报率类似，股本回报率也可以用来检测现金流量折现模型的估值结果。评估人员认为，从长期角度看，股本回报率最终应该趋同于公司的股本成本。

对于 Mobitronics 公司来讲，与 11.8% 的股本成本相比，10.41% 的股本收益率似乎有点偏低。同前面讨论过的资本回报率类似，如果公司的长期股本回报率低于其股本成本，Mobitronics 公司的总价值就会有所减少（因为只有当股本回报率高于股本成本时，才能为公司创造价值）。在实践中，这就意味着只要 Mobitronics 公司所能产生的股本回报不大于其股本成本，公司就应当清算，将资产归还给股东。当然，另一种可能性就是我们的 DCF 估值假设过于保守，需要更激进一些。

隐含的市盈率

市盈率的计算公式如下

$$价格/净利润 = \frac{P}{C_E - g}$$

式中：P 表示股息支付率；

　　　C_E 表示股本成本；

　　　g 表示长期增长率。

我们已经在做 DCF 估值时估算了股本成本和增长率，也已经在上一部分算出了股息支付率，所以只需要将这些数字代入公式即可。

$$市盈率 = \frac{0.519\ 6}{0.118 - 0.05} = 7.64$$

和投入资本回报率以及股本回报率的检验方法类似，7.64 这一隐含的市盈率看起来略低。鉴于公司目前在市场交易的市盈率值为 18，行业平均水平略低于公司水平为 16.5。7.64 这一市盈率水平从长远的角度看可能意味着我们的现金流量折现模型所用到的假设太过保守。然而，因为终值期的增长率低于目前的增长率，长期的市盈率应当要比目前的比率低。

隐含的市净率

市净率将公司的股本市场价值和公司资产负债表上的股本账面价值相关联。其计算公式为

$$价格/股本帐面价值 = 市盈率 \times 股本回报率$$

因为我们已经算出了市盈率和股本回报率，所以只需要将这些数字代入公式，由此可以得出

$$市净率 = 7.64 \times 0.104\ 1 = 0.795$$

正如在第 4 章中所提到的，市净率对于大多数公司来讲并不适用，特别是像 Mobitronics 公司这样处于成长期的公司。然而，这一比率仍然可以提示我们 DCF 估值中的长期假设可能偏低，因为公司估值时其市场价值仅为账面价值的 80%。

基于乘数的价值评估

我们现在对 Mobitronics 公司已经有了一个完整的 DCF 估值，并对其基本假设的合理性进行了检验。另一种不同的但可以作为补充的估值方法是使用基础乘数和相对乘数法来对公司进行估值。前面的章节中我们已经提到过，乘数估值法是一个简单快速得到估值结果的方法，其结果可以用来检验是否要对目标公司进行更深入复杂的估值，例如是否需要完整的 DCF 估值。乘数估值法也可以作为独立估值法（如 DCF）的一个补充，来检查其估值结果是否合理。此外，乘数很容易进行比较和讨论，所以花一些时间对重要的乘数进行必要的研究将会是十分有意义的。最终，相对乘数估算的是整个市场是如何看待目标公司的，这一点对于短期投资来讲是十分有益处的。

在前一部分提到的 DCF 评估中所隐含的乘数是基于预期的长期均衡价值来计算的，因为这些输入变量都是从 DCF 模型中终值计算的假设中得来的。均衡乘数通常最适用于检查独立的估值模型的假设，像 DCF 这样的模型。为了对一家公司进行评估，最常用的是使用当年或是下一年的财务数据作为乘数评估的基础。对于上市公司来讲，这些数据都是公开的，也是相对准确的。从理论上讲，我们需要的数据是和公司长期的财务数据的趋势保持一致的。如果下一年的数据和公司长期趋势出现较大的偏差，建议最好选择另一年的数据，或是属于趋势范围内的历史数据。

我们选择了三个乘数来进行检测分析——股票市场价值 / 销售额、公司价值 / 息税折旧摊销前利润以及市盈率，我们会计算其基础乘数和相对乘数。就 Mobitronics 公司的财务数据而言，我们认为公司下一年（2010 年）的数据，诸如销售额、EBITDA及净利润都能够很好地体现其长期增长趋势，因此会使用这些数据来计算我们所需的乘数。

（公司价值）/ 股票市场价值 / 销售额（P/S）

基于当前的财务基础状况，我们从计算公司的销售乘数开始。因为基础 P/S 乘数的计算公式中包含着股息支付率（股东获得利润的多少），可将归属于全部利益相关人的资金流转化成归属于股东的现金。因此，我们可以使用 P/S 乘数来代替 EV/S 乘数。计算 P/S 的基本公式为

$$\frac{股票市场价格}{销售额} = 边际利润率 \times 股息支付率 \times \frac{1+g}{C_E - g}$$

式中：边际利润率等于净利润 / 销售额；

股息支付率等于股息 / 净利润；

g 表示股息分红和利润的长期增长率；

C_E 表示股本成本。

对于 Mobitronics 公司而言，除边际利润率外，所有的数据都已经从前面的计算中得出了。边际利润率的计算公式为

$$预测 2010 年的边际利润率 = \frac{1\,236}{5\,313} = 0.232\,6 = 23.26\%$$

我们现在来计算市场价值 / 销售额

$$\frac{市场价值}{销售额} = 0.232\,6 \times 0.519\,6 \times \frac{1+0.05}{0.118-0.5} = 1.87$$

基于 Mobitronics 公司的基本乘数，其理论的股票价格应当是销售额的 1.87 倍。如果股票交易价格高于其销售额的 1.87 倍，这就意味着股票可能被高估了。反之，如果低于 1.87 倍，则股票可能被低估了。

将基本销售乘数应用于 Mobitronics 公司下一年预测的销售额中，可以得出公司股票的价值运算如下

$$股本价值 = 股票价值 / 销售额 \times 下一年的销售额$$
$$= 1.87 \times 5\,313 = 9\,935（百万欧元）$$

这样计算出的股本价值可以和通过现金流量折现模型估算出的股本价值（即138.61 亿欧元）进行比较。

我们不仅可以使用 Mobitronics 公司的基础财务数据计算 P/E 比率，还可以使用和 Mobitronics 公司相似上市公司的 P/E 比率作为参考，又或是使用行业平均水平来计算相对乘数。

对于 Mobitronics 公司而言，我们认为使用行业平均值是最合理的。因为可比公司和 Mobitronics 公司虽然都属于同类型的公司，但是没有一家可比上市公司和 Mobitronics 公司有足够多的相似性可以让我们用来直接进行比较。目前，移动通信行

业的平均市销率（P/S）比率是 2。将行业平均水平乘以 Mobitronics 公司的销售额可以得到：

$$\text{Mobitronics 公司的股本价值} = 2 \times 5\,313 = 10\,626（百万欧元）$$

这个估值结果也可以和通过现金流量折现模型或是其他估值模型得到结果相比较。

正如第 5 章所讨论的，基于销售额的相对乘数估值是很粗放的，原因有很多种，例如其在估值时完全不考虑公司特定的资本成本结构。

公司价值 / 息税折旧摊销前利润（EV/EBITDA）

我们会计算公司价值 / 息税折旧摊销前利润，这一乘数经常被很多专业的估值分析师所使用，通用的公式为

$$\text{EV/EBITDA} = \frac{\text{ROIC} - g}{\text{ROIC} \times (\text{WACC} - g)} \times (1 - T) \times (1 - DA)$$

式中：ROIC 表示投入资本回报率；

　　　g 表示长期增长率；

　　　WACC 表示加权平均资本成本；

　　　T 表示税率；

　　　DA 表示折旧和摊销费用占 EBITDA 的百分比。

投入资本回报率的计算如下

$$\text{投入资本回报率} = \frac{\text{税后净营业利润}}{\text{投入资本}}$$

投入资本的计算公式如下

$$\text{投入资本} = \text{所有投资在公司中的营运资本} + \text{固定资产净值} + \text{其他资产和债务的差值}$$

税后净营业利润的计算公式如下

$$\text{税后净营业利润} = \text{息税前利润} - \text{基于息税前利润的现金所得税}$$

对于 Mobitronics 公司来说，使用 2010 年预测的财务数据可以得到：

$$2010\text{ 年投入资本} = (937+818-1\,232)+3\,224 = 3\,747$$

$$2010\text{ 年税后净营业利润} = 1\,746-501.6 = 1\,244.4$$

由此可以得出

$$\text{投入资本回报率}_{2010} = \frac{1\,244.4}{3\,747} = 0.332$$

我们要将预测的折旧和摊销费用除以息税折旧摊销前利润

$$\text{折旧摊销}/\text{EBITDA} = \frac{542}{2\,288} = 0.236\,9$$

$$\text{EV/EBITDA} = \frac{0.332-0.05}{0.332\times(0.096\,5-005)} \times 0.7 \times 0.763\,1 = 9.76$$

考虑到行业的平均水平为 7，而 Mobitronics 公司当前的 EV/EBITDA 乘数为 9.76，这一比率看起来相当高。也许这是因为公司当年的 EBITDA 波动太大的缘故，又或者是市场对 Mobitronics 公司的估值大大高于其基本面的价值。

将 EV/EBITDA 乘数应用于 2010 年预测的 EBITDA 中，可以得到如下结果

$$\text{EV} = \frac{\text{EV}}{\text{EBITDA}} \times \text{EBITDA} = 9.76 \times 2\,288 = 22\,325\,(\text{百万欧元})$$

由此可以得出的股本价值为

$$22\,325-245 = 22\,080\,(\text{百万欧元})$$

EV/EBITDA 乘数高于平均水平的原因在于 Mobitronics 公司 2010 年的投入资本回报率是 33.2%。如前所述，一个不正常的乘数可能是由于目标年份的波动而产生。现在的问题在于，我们选择的 2010 年的数值是否有代表性，是否可以代表未来的数据。我们再看一下 2011 年和 2012 年的数据，尽管按照预期计划，投入资本在这两年会明显高于其税后净营业利润。在 2011 年，税后净营业利润预期会增加 4.3%（从 12.444 亿欧元增加到 12.984 亿欧元），而投入资本预计会增长 52%（从 37.37 亿欧元到 57.22 亿欧元）。因此，我们计算的 Mobitronics 公司 2011 年的投入资本回报率为

$$2011\text{ 年投入资本回报率} = 1\,298.4/5\,722 = 22.7\%$$

对 Mobitronics 公司 2012 年和 2013 年预测的损益表和资产负债表的分析指出，相比 2010 年的数字，2011 年的投入资本回报率对于体现公司长期发展更具有代表性。因此，我们选择使用 2011 年的数据来计算 EV/EBITDA。由此可以得出

$$EV/EBITDA = \frac{0.227 - 0.05}{0.227 \times (0.0965 - 0.05)} \times 0.7 \times 0.730\ 7 = 8.57$$

这个 EV/EBITDA 比率略高于市场平均值，但是相比起 2010 年的数据来讲，要更合理些。

将这一比率应用在 2010 年的 EBITDA 中可以得出

Mobitronics 公司的公司价值 = 8.57 × 2 288 = 19 608（百万欧元）

由此而得出的股本价值为

19 608 – 245 = 19 363（百万欧元）

当然，这个价值也可以和现金流量折现估值中得到的结果相比较。我们在前面的 DCF 估值中得到的结果是 138.61 亿欧元，由此可以看出，DCF 估值的结果比 EV/EBITDA 乘数估值法得出的结果要低很多。此外，还可以将相似公司的 EV/EBITDA 乘数或行业平均水平乘以 Mobitronics 公司的收益。行业平均 EV/EBITDA 乘数为 7，将这一乘数应用到 Mobitronics 公司 2010 年的预测的 EBITDA 中，可以得出

$$\text{Mobitronics 公司的公司价值} = \frac{EV}{EBITDA} \times EBITDA$$
$$= 7 \times 2\ 288 = 16\ 016（百万欧元）$$

由此可以得出公司的股本价值为

16 016 – 245 = 15 771（百万欧元）

从上面的分析可以看出，乘数估值法的估值结果要远大于现金流量折现估值法得出的结果。相对于基础乘数法和相对乘数法而言，DCF 估值法要相对保守。再次强调一遍，我们不必急于就两种估值法的差异做出任何行动，只需要注意到这些差异的存在，就可以为我们评估公司价值、考虑投资或退出投资时提供额外的信息参考。

公司价值 / 产能或是销售收入产生单位

我们想使用一个营业变量来计算公司价值或是与同行业的竞争者来进行对比。对于 Mobitronics 公司而言，我们相信最合适的营运变量是使用其服务签约方，即客户。正如我们在第 6 章中所提到的，Mobitronics 公司预测的增长主要来自其每位客户消费额的增长，其直接与公司的现金流量和公司价值增长相联系。因此，对于 Mobitronics

公司而言我们将使用公司价值 / 客户数量作为营运乘数。当然，对于其他公司或是行业，变量的选择可能会完全不一样。当出现类似情况时，只需要将顾客变量换成一个不同的营运变量即可。

基本上，公司价值 / 客户数的计算可以表达如下

$$公司价值 / 客户数 = \frac{投入资本回报率 - 增长率}{投入资本回报率 \times (加权平均资本成本 - 增长率)} \times \frac{税后净营业利润}{客户数}$$

在上面的公式中，唯一缺少的值就是税后净营业利润。我们将使用 2011 年的税后净营业利润（和投入资本回报率），因为我们在前面部分已经讨论过，2011 年的数据更具有代表性。将 Mobitronics 公司目前的客户数代入公式，可以得到

$$\frac{2011 年税后净营业利润}{客户数} = \frac{1\ 248\ 000\ 000}{9\ 130\ 000} = 137$$

使用 2011 年的税后净营业利润（由于 2011 年的数据更具有代表性），可以得出

$$公司价值 / 客户数 = \frac{0.227 - 0.05}{0.227 \times (0.965 - 0.05)} \times 137 = 2\ 297$$

将公司价值 / 客户数乘数乘以客户数量可以得出公司的价值为 209.72 亿欧元，其股本价值为 207.27 亿欧元。与行业中的其他公司相比，可以看出其他所有公司的单位客户价值相对较低。这一结果是相对合理的，因为 Mobitronics 公司更集中于对公司服务，与其竞争者相比，为其客户提供了更多的服务，单位客户销售额也更高。

考虑到行业中其他竞争者的公司价值 / 客户数乘数都比 Mobitronics 公司低，如果采用可比公司或是行业平均水平乘数来对 Mobitronics 公司估值，就会低估 Mobitronics 公司的价值。如果 Mobitronics 公司的单位客户销售额降到行业的平均水平，我们再看一下公司的理论价值，这会是很有意思的一件事情。采用行业平均值 1 500，我们可以得到如下计算

$$Mobitronics 公司的价值 = 行业 \left(\frac{公司价值}{客户数} \right) \times 目标公司客户数$$

$$= 1\ 500 \times 9\ 130\ 000 = 13\ 695（百万欧元）$$

此时的股本价值为

$$股本价值 = 13\ 695 - 245 = 13\ 450（百万欧元）$$

综合所有的估值方法得出的公司价值

基于前面部分非常详细的分析，关于 Mobitronics 公司的估值讨论，我们可以有如表 8-15 和表 8-16 所示的输入数据。

表 8-15　输入数据（1）　　　　　（单位：百万欧元）

折现现金流量价值评估	评估值	隐含资本回报率差	隐含权益回报率差	隐含市盈率
低情景	11 356	8.21%–9.65% = –1.44%	8.56%–11.8% = –3.22%	6.51
基本情景	13 861	9.58%–9.65% = –0.07%	10.41%–11.8% =–1.39%	7.64
高情景	17 329	10.94%-9.65% =1.29%	11.4%–11.8% =–0.4%	8.20

表 8-16　输入数据（2）　　　　　（单位：百万欧元）

乘数	基本价值	相对价值
股票市场价值 / 销售额	9 935	10 626
公司价值 /EBITDA	19 363	15 771
公司价值 / 客户数	20 727	13 450

图 8-2 展示了使用不同的估值方法所给出的不同结果。

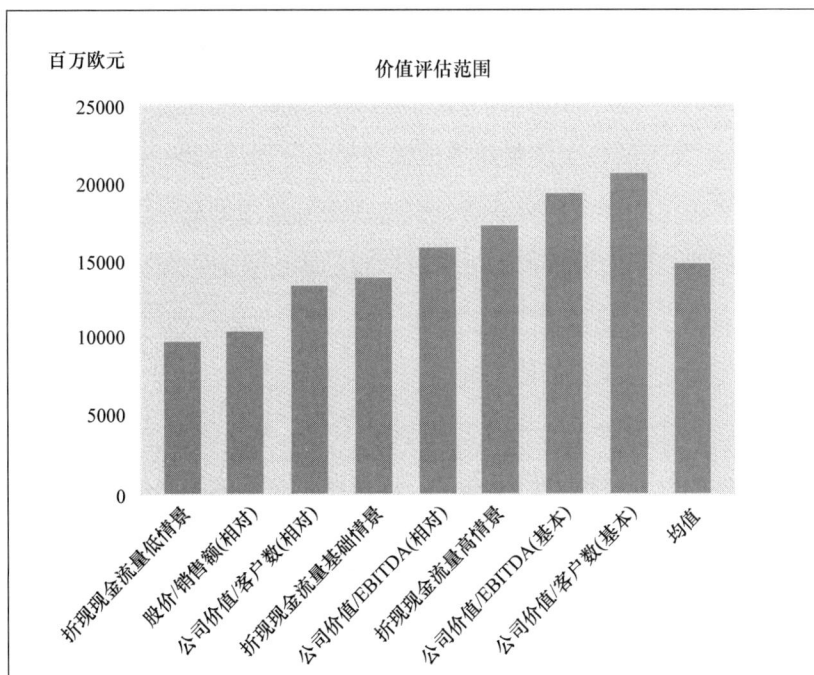

图 8-2　不同估值方法下的估值结果

对比不同的估值方法可以分析得出：在检查隐含的假设条件时，现金流量折现估值方法中的低情景分析（悲观分析）看起来似乎过于保守了；从基础情景分析中的假设可以看出，隐含投入资本回报率和股本回报率也都低于其资本成本。高情景分析（乐观分析）得出的投入资本回报率高于其资本成本，但股本回报率略低于其股本成本。综合考虑公司价值/EBITDA 乘数估值和公司价值/客户数估值，我们相信现金流量折现模型乐观分析情景下得到的 170 亿欧元和 180 亿欧元的公司价值看起来是相对合理的估值。这也说明投入资本回报率和股本回报率间的差异从长远角度看是合理的，由此可以估算出合理的股价为每股 41.5 欧元和每股 43.9 欧元。

小结

在本章中，我们已经完成了对目标公司 Mobitronics 的完整的价值评估。在评估过程中，我们完成了以下几个关键的步骤。

- **对 Mobitronics 公司的基础分析**。我们使用第 7 章中讲到的基础框架来分析 Mobitronics 公司的智力资本和围绕公司的行业结构状况。我们集中分析七个主要的变量，即品牌实力、管理层与董事会的动机和过去业绩、创新能力、独立于个人的知识、行业增长率、相对市场份额及进入壁垒。

- **Mobitronics 公司的现金流量折现估值**。基于公司的基础分析和历史金融数据，我们预测了公司的自由现金流量、自由现金流量的增长率以及明确预测期、高速增长期和终值期的资本成本。然后，我们将所有未来现金流折现，再将其加总并减去债务的市场价值，由此可以得到 Mobitronics 公司理论上的股本价值为 138.61 亿欧元，理论的股价为每股 33.8 欧元。

- **情景分析**。通过替换现金流量折现模型中的一些关键输入变量，例如资本成本、资本结构以及长期自由现金流量增长率，获得不同的估值情景。在乐观情景分析中，我们估算出 Mobitronics 公司的股本价值为 173.29 亿欧元，每股价值为 42 欧元。在悲观情景分析中，我们估算出公司的总股本价值为 113.56 亿欧元，每股价值为 27.7 欧元。

- **检查基础假设**。我们使用不同关键估值模型间的数学关系来检查隐含的假设财务比率。我们看到，现金流量折现基础模型中隐含的投入资本回报率为 9.58%，股本回报率为 10.4%。鉴于 Mobitronics 公司的资本成本为 9.65%，股本成本为 11.8%，隐含的长期市盈率为 7.64。我们由此总结得出，现金流量折现估值法的假设似乎太保守了。

- **公司基于乘数的价值评估**。我们使用基本和相对市销率乘数、EBITDA 乘数和营运比率来对 Mobitronics 公司进行估值。通过比率分析，应用不同比率可以得出不同的估值结果，Mobitronics 公司的股本价值应该在 99.35 亿欧元和 207.27 亿欧元之间。

最终，我们将所有的信息整合在一起，通过分析得出，Mobitronics 公司的价值介于 170 亿欧元和 180 亿欧元之间，理论的股价介于每股 41.9 欧元和每股 43.9 欧元之间。

在本书的最后一章，我们将进一步探讨价值管理（VBM）。

第 9 章

价值管理

本章要点

- 战略发展
- 目标设定
- 行动计划、预算和培训
- 激励计划
- 价值管理的成果
- 小结

价值管理（value-based management）是对本书前面章节中提到的概念和框架的实际操作性应用。因此，本章将主要针对那些对管理相关问题感兴趣的人，包括行政主管人员、董事会成员以及一些企业家等。

正如我们在本书前面章节中所讨论的那样，最大化公司价值的第一步就是理解如何准确地衡量和计算其价值。更进一步讲，价值评估完全取决于输入的变量以及公司需要分析的关键价值驱动因素。接下来的部分，让我们把重点转移到如何将这些理论应用到管理实践中吧。

价值管理是一种管理方法，其重点在于如何最大化公司价值，以及对影响公司价值的决策进行优化排序。

价值管理的基本概念就是将现金流量折现模型、经济增加值和其他相似的估值模型转换成一种用于制定主要战略决策和日常经营决策的管理工具。在价值管理中我们常问的一个问题就是："我们应该如何对公司进行管理并以此获得最大的未来现金流量，从而最大化公司价值？"也许这个问题看起来只是公司高层管理者需要考虑的问题，实际上，这个问题对于公司里所有层级的人同样适用。

应用价值管理方法和单纯的基于损益表和一些测量技术相比，可能产生两种重大差异，具体如下所述。

- 价值管理需要对资产负债表和损益表两者同时进行管理。如果只关注公司的部门或单位的净利润，那么只需要上一年度的利润表就可以了，而不需要资产负债表。正如我们在第 6 章中所讲到的，用于存货或是赊销科目中营运资产的增加 / 减少同样会影响现金流量，从而会影响到公司价值。因为价值管理的目标是努力地最大化公司价值，所以需要同时关注资产负债表和损益表。

- 价值管理需要从长远的角度看问题。在当今快节奏、高压力的金融市场环境下，公司疲于满足投行金融分析师的业绩预期，仅仅关注一个个季度的财务表现，甚至将员工激励和季度业绩挂钩。这将必然导致公司的管理层及员工只关注公司短期业绩，管理决策不会基于长期价值的最大化，管理者为了片面追求短期利润而放弃长期价值的例子有很多。价值管理采取长期的管理方法，这有助于平衡公司的长期规划和短期规划。

我们可以将价值管理及其应用分成战略发展、目标设定、行动计划 / 预算和激励计划四个不同的过程。为了能够充分利用价值管理所带来的益处，这四个过程缺一不可。

战略发展

为了最大化公司价值，公司董事会和管理层必须决定公司需要使用哪种发展战略。这一战略决策包括公司应该进入到哪一行业、不进入哪一行业，哪些分公司或是部门应该被剥离、哪些应该被优先发展。公司还需要决定是否要采用增长的进取战略，以此来增加市场占有率，虽然这一做法可能在短期内会减少公司的现金流量；又或者采用所谓的收获策略，在短时期内以公司的现金流量最大化为目标。

当分析公司所面临的不同选择时，一个最可行的办法就是使用相关的关键性比率假设来计算采用不同策略时公司未来自由现金流量的价值。通常情况下，我们很难准确地预测不同公司战略下的多种输入变量，但是类似的分析至少可以让我们了解在特定假设下公司不同战略对特定关键变量的敏感度。

> 在分析公司不同部门战略时，与最高管理层共同确定关键假设及关键价值驱动预测是非常重要的。

公司的全局战略已经设定，公司各部门经理就需要对本部门的战略仔细地进行梳理，并将部门战略与公司战略相统一，同时最大化每个部门的价值。在分析公司不同部门的战略时，与最高管理层共同确定关键的假设和关键价值驱动预测是非常重要的。重申一遍，情景分析对于不同假设情况下对公司战略决策的影响程度是非常有意义的。

目标设定

当以价值最大化为目标的整个公司战略和部门战略确定完毕后，这些战略必须转换成具体的长期目标和短期目标。如果没有这些具体的目标，组织中的相关人员就无法确定哪些变量是需要集中关注的，所以公司需要付出一些额外的努力来确定合理的目标，这一点是至关重要的。设定目标的一些要点如下所述。

- 目标既包括财务目标又包括非财务目标。这样将两者相结合去制定目标可以防止管理团队牺牲一些重要领域的投资、特别是一些长期的投资，而只是着眼于短期的财务目标。此外，财务目标是用来衡量公司曾经发生过什么的，而非财务目标则用来告诉我们公司将要发生什么。打个比方说，如果客户回头率或是新产品销售额有所下降，这样的现象可以给我们一个警示，就是公司的服务不够好或是新产品的质量不达标，又或是公司新产品很快就要过时了。

- 目标要包括短期目标和长期目标。这样可以防止管理层集中关注公司短期的收益而忽视长期价值。当然，长期目标和短期目标协调一致才是最重要的。

- 调整目标使其适应组织中的不同层次。公司高层管理者和公司的研发人员及客服人员需要设定的目标是不同的。

设定公司长期财务目标时，我们相信公司价值，即所有未来现金流量的现值是唯一恰当的衡量方式，对此读者应该也不会感到惊讶。然而，当谈及短期目标的衡量方式时，现金流量折现模型中预测的公司价值将会很难作为衡量标准，因为其涉及很多未来现金流量的预测，而没有对公司短期的财务表现给予合适的衡量。因此，我们需要另一个用于衡量公司短期财务表现的指标，如经济利润或是经济增加值。

经济利润与公司价值紧密地联系在一起，是一定期间内公司总价值的边际增加值或是减少值。正如第4章中所提到的，用来测量短期或是一段时间内的财务表现的类似指标就是经济增加值。经济增加值可以解释成是对经济利润的优化调整，通常可以如下表示。

> 经济增加值 =（投入资本回报率 − 加权平均资本成本）× 年初投资资本额

通过对经济增加值公式的分析，我们可以得出管理团队想要提高经济增加值，继而增加公司价值，需要采用如下一些措施。

1. 在保持加权平均资本成本以及投资总额不变的情况下，提高投入资本回报率。

2. 在保持投入资本回报率和投资总额不变的前提下，降低加权平均资本成本。通常来讲，公司的管理者都会过度使用股本融资的方式，以使公司的财务风险最小化。价值管理和经济增加值鼓励管理者要关注资本成本。经验显示，当管理者有改善公司资本结构的动机时，其通常会采用更激进的资本结构，相应地会提高公司的债务水平。

3. 如果一个项目或是活动可以产生的投资回报率高于其加权平均资本成本时，要增加对这一项目或是活动的投资。

4. 如果一个项目或是活动可产生的投资回报率低于其加权平均资本成本，要果断撤出这一项目或是活动。这可能意味着，要出售那些不能产生高于资本成本的回报率的部门或是子公司。

5. 如果公司投入资本回报率大于其加权平均资本成本，要尽量使其长期保持下去。

> 单一地依靠经济增加值或是经济利润为基础的激励机制，其结果很可能会事与愿违。因此，需要长期的衡量指标来综合考虑。

单一地使用经济利润或是经济增加值作为衡量标准，可能会导致不正确的短期激励效果。因为在具体的项目中，经济增加值或是经济利润在项目开始的前几年很可能都是负值，但是其总体净现值为正值，可以为股东创造价值。如果公司对员工的激励计划单纯地只是依靠经济增加值或是经济利润，这就意味着尽管一个项目正在按计划进行，也正在为股东创造长期价值，但是员工在前几年中也拿不到相应的激励，因为该项目的短期经济增加值为负数。如果员工为项目工作的时间少于该项目完成的时间，即使项目最终可以为股东创造价值，该员工也可能会放弃该项目。所以，单一地依靠经济增加值或是经济利润为基础的激励机制，其结果很可能会事与愿违。因此，需要长期的衡量指标来综合考虑。

就非财务目标而言，最大化未来现金流量和公司价值的整体目标必须转化为具体的非财务关键变量。尽管非财务关键价值驱动因素因行业和公司的不同而有所不同，但是正如我们在第 7 章中所介绍过的，一些通用的非财务价值驱动因素依然存在。选择与创造公司价值紧密相连的非财务价值驱动因素是非常重要的。如果不这样做，也许会破坏公司价值。此外，关键价值驱动因素不是一成不变的，也会随时间的变化而有所改变，因此需要定期地回顾、检查这些因素。

行动计划、预算和培训

当公司短期和长期的以及财务和非财务的目标已经设定好之后，是时候制定一个行动方案来完成这些目标了。因为对于基层员工来说，将这些员工与更深层具体的目标相联系远比单纯的财务目标来得更实际。所以对于员工来说，不要单纯地用财务术语来表达公司的行动计划和预算方案，而是要将这些计划和具体的操作指标联系起来，这一点是十分重要的。

然而，这些目标也当然需要与创造价值相关联。例如，用如图 9-1 所示的投入资本回报率价值树来得到必要的用作目标的营运变量。过去的经验也告诉我们，花时间设计一套公司价值的创造过程的培训程序是非常有必要的。培训的目的在于使组织承

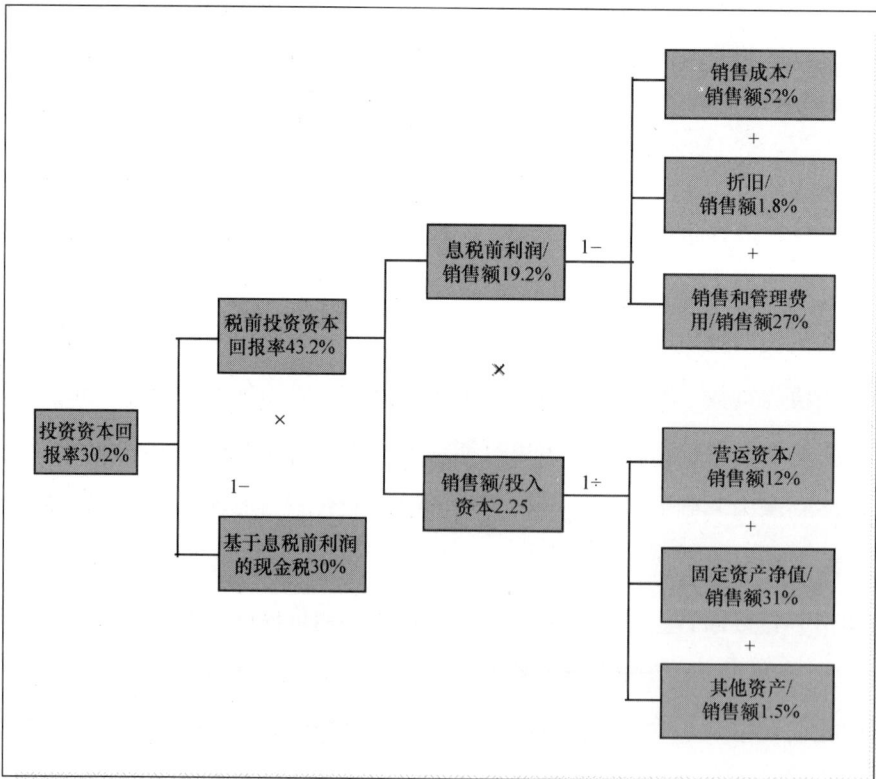

图 9-1　投入资本回报率价值树

认并接受价值管理这个概念以及为什么价值管理是管理和衡量公司业绩很好的方法，从而促进价值管理在公司内的成功实施。

通常来讲，作为员工，耐心地等待后期新的激励计划的出台是明智之举。关于薪酬的讨论通常会吸引员工更多的精力和关注，特别是当员工看到价值管理项目在实际工作中发挥作用以后，他们就会倾向于更容易接受公司的激励计划。

此外，培训的展开需要分段进行，并且应当有一个初期的单独讲座来解释价值管理项目背后的基本原理，这其中包括向员工介绍基础概念以及为什么价值管理是衡量公司及员工业绩行之有效的方法。之后，需要设计一个研讨会来对公司价值管理计划进行更详细深入的探讨。

激励计划

建立以股东价值最大化为目标的激励系统是完整价值管理中必不可少的一部分。"只有加以评估和奖励，计划才能顺利完成。"换句话说，如果激励同销售额联系在一起，员工关注的重点就会在净销售额上；如果激励和最终结果联系在一起，员工则会关注最终结果；如果激励同股票价格联系在一起，员工就会花时间和精力来关注股价表现。因此，如果想要公司价值最大化，所需要的激励和奖励机制就需要与公司价值最大化相关联，并且要尽可能涉及更多的员工。

每一家公司所面临的问题都包括：如何能够激励和奖励他们的员工以期望能够留住员工，并且使其为公司所有者创造价值。如果不能够经常性地检查和监督公司的整体经营业绩及决策的制定，就需要将激励员工的薪酬计划很好地同管理者的动机相关联起来。这就是价值管理激励计划所包含的本质内容。通常来说，员工薪酬可分为两个部分，即基本工资和绩效工资。激励计划对绩效工资部分进行衡量，价值管理计划也不例外。

当创立以价值管理为基础的激励计划时，应当确保员工个人、团队或是部门对这一计划有影响力，并且与员工的责任相联系，这一目标是制订激励计划中非常重要的一部分。正如前面所提到的，激励应当与衡量公司整体财务表现和价值创造的财务目标相联系，又应该与其他一些非财务目标（包括销售、客户满意度、产品技术指标、产品质量或是类似的经营变量）相联系。

通常来说，以价值管理为基础的激励计划可以按如下几个方面来设计。

- 高层管理者的激励只与公司的财务目标相联系。作为长期财务目标，公司现金流量折现的价值是最终的衡量指标。然而，正如前面所提到的，现金流量折现估值法是基于估算的结果，而不是实际的结果，因此其作为激励的基础并不是十分合适的。另一方面，公司股票价格受市场状况和股民的个人情绪影响很大，公司管理层是无法控制的。因此，我们建议使用经济增加值指标作为短期价值评估的指标，而股票价格作为长期的评估指标。另外，和股票相关的激励都应当是长期的，因此可避免人为的股价操纵。

- 公司部门经理的激励应当是公司财务目标、部门财务目标以及特定部门非财务目标的综合。部门非财务目标应当基于预定的关键价值驱动因素，让管理者感受到它们对目标的制定有很大影响力是很重要的。不同业务部门的经营特点各不相同，因此不能给不同部门设定同样的目标。相反，我们应当为每一个部门量身定做适合的目标。

- 职能经理通常会依据他们责任范围内的非财务标准来给予相应的报酬。对于一个销售经理来讲，其衡量标准往往是客户保持率、新增加客户数或是客户满意度；而对于一个产品研发经理来讲，其衡量标准可能是产品研发时间或是新产品销售量。一小部分财务目标也可以作为补充激励的措施。

其他员工的报酬依据通常和职能经理类似，但是以个人或是团队为基础，而不是以整个部门为基础。此外，整个团队的激励目标除非财务激励指标外，还可以包括一小部分财务激励指标，以增加其对企业价值最大化的关注。

重要的是，激励计划不仅仅是针对公司 CEO 或是公司高层管理者的，而应当是针对整个组织的。

向以价值为基础的激励计划转变是价值管理中非常重要的一个组成部分。如果不能将员工激励同公司的整体目标保持一致，价值管理将无法取得成功。事实上，换一种说法就是，除非公司能够给予管理者相应的奖励，否则他们是无法尽可能地为股东创造价值的。如果价值管理计划能够得到成功实施，这将会对公司各个方面都有所影响，并将工作中遇到的所有问题从职业道德上转移到价值决策上。

价值管理的成果

那么，价值管理是如何工作的呢？全面的价值管理体系执行起来既不容易，也不是简单的工作，更不能快速地完成。在价值管理开始实施的当年，其带来的好处必须是实质性的，这样才能证明这项工作是有意义的。

很明显，价值管理对一些公司而言是很适用的，但对另一些公司却不见得。企业使用价值管理法获得成功的例子非常多，但是也有很多公司曾经试图使用这样的管理法，在一段时间后却放弃了。具体来讲，比起变化很快的公司，价值管理对处于相对成熟行业中的公司更容易实施。在快速发展的行业中，公司的价值通常会和公司的发展机会相关联，这就使得对公司价值的评估比在相对成熟行业公司的评估更难一些。在实施价值管理前，我们需要重点考虑以下一些关键的参数。

- 需要分配足够的时间来保证价值管理的实施。大多数公司都承认，价值管理的实施需要时间和耐心。首先，公司管理者和员工都需要学会理解价值最大化的过程以及关键价值驱动因素是将每天的工作任务同公司价值联系在一起。在这之后，价值管理激励系统才可以进入实施阶段。如果激励系统的实施发生在员工理解和接受价值管理之前，就有激励效果达不到预期的风险。整个价值管理系统产生效果，通常也需要一年的时间。

- 高层管理者的支持是非常重要的。所有的证据通通显示，公司最高层管理者对整个价值管理项目的全面支持以及积极参与其中是至关重要的。

- 将激励机制和价值管理相关联。我们建议不仅仅将价值管理作为一个管理工具，而是长期将其作为员工薪酬制度的基础。公司需要上下统一的激励计划以此来改变组织的行为。还是那句话，"只有加以评估和奖励，事情才能顺利完成"。如果管理层不愿或是不能实施一个以价值管理为基础的激励系统，那么就不应该考虑实施任何管理机制。

- 关于价值管理的常规教育是非常关键的。为了使价值管理能够成功实施并且被员工广泛接受，组织中的每一个成员都需要完全了解它。公司需要大量时间和金钱的投入，以使得尽可能多的员工能接受到适当的教育，并尽可能地去实践相关的内容。只有当员工理解了价值管理的意义，才会信任它，它也才会得到员工的支持。

- 程序简化。实施价值管理所涉及的范围非常广，我们需要尽可能将其简化。让公司尽可能多的人理解价值管理项目，并知道这个项目是如何在公司运作的，这一点非常重要。项目负责人需要花时间确保项目中的信息容易被员工理解，并且乐于接受。

- 价值管理应当是关系到公司日常经营的全公司范围内的项目。价值管理的真正好处不在于用它来决定是否公司应该接受或是拒绝一个投资项目。相反，价值管理可以为整个公司带来巨大的变化，也真正在组织所有部门的日常经营业务中增加了价值。

- 修改计划使其适应公司的具体情况。尽管在项目实施过程中，一些通用的指导方针会很有帮助。但是，各个公司实施价值管理项目的过程又极具个性。因此，针对各公司进行修改总是必要的。

那么，价值管理究竟可以带来哪些好处呢？最重要的好处就是员工会像公司股东一样思考和行动，被激励着以最大化公司价值为目标。其次，几乎所有的公司在实施了价值管理项目后，对于公司资本使用方面都经历了更好的体验。价值管理迫使管理层团队确定超额成本，并重新考虑资源的使用，公司可以降低库存量，减少应收账款、现金或是其他类似指标的数量。价值管理通常还可以帮助管理团队识别出子公司、部门或者其他未被充分利用的公司资产，决定是否卖掉或是处理掉这些资产来为股东创造价值或是增加员工薪酬。再次，随着激励程度的不断加深，和顾客、供应商以及其他利益相关者之间的关系也会得到发展。最终，它可以帮助公司管理者理解公司战略决策和公司价值之间的相互关系。

小结

在本章中，我们讨论了如何将我们估值的知识应用到管理当中。价值管理是一种基于价值的管理方法，其主要目的是股东价值最大化，并通过企业决策对公司价值的影响来对决策进行优先排序。

通常来讲，价值管理的实施可以分成以下四个步骤。

1. 战略发展，制定实现公司价值最大化的公司战略。

2. 目标设定，公司整体的战略决策转化成特定的和具体的、长期和短期的目标。目标的制定要包括财务变量和非财务经营变量，并使这些变量适用于组织中的各个层次。

3. 行动计划、预算和培训，公司为完成既定目标而制订的计划以及准备预算。

4. 激励机制，将员工的激励和公司价值联系在一起。重要的是应当确保员工个人、团队或是部门对这一计划有影响力，计划还要与员工的责任相联系。

价值管理中非常重要的一个优点在于，它要求管理者不仅仅重视损益表，还要对资产负债表进行严格的审查。这就意味着，管理者不得不关注公司的资本是如何应用于公司的日常经营中的。例如，管理者需要知道他们应该如何管理公司的投资，如何管理公司运营资本等。

同等重要的还包括，价值管理要求公司有长远的规划。价值管理将管理激励和所有者激励相关联在一起来为公司创造长期的价值，而不是鼓励管理者关注短期利润的最大化。

要建立好价值管理计划，管理者就要让计划简单且容易实施，同时也要对该计划投入足够多的时间，这一点是非常重要的。管理理念需要很好地对员工进行解释，员工也应当获得这方面的相关培训。同样重要的还包括价值管理是涉及全公司范围的项目，其管理成效的产生需要时间和管理者的耐性。

后　记

　　我们对本书寄予厚望，希望它能够成为商业人士的必读书目之一。我们撰写本书的目的在于，我们意识到人们需要一个简明、综合、没有胡言乱语的读物来指导公司估值这门"艺术课"。同时，我们决定不要将本书写得太厚（全世界已经有很多公司估值的相关书籍上积满了太多的灰尘）。我们认为，应该有一本实用性强而又综合全面的书可以加入到这个领域当中。我们诚挚地希望读者在读完本书后觉得估值这个话题并没有那么神秘，而且已经掌握了很多种估值方法。

　　最后，值得一提的是作者对于股东价值实现的观点。由于股东价值最大化和股东价值创造的重要性和关注度日益提高，关注公司中投入资本的业绩表现也变得越来越普遍。这又转而迫使公司尽可能有效地利用资本，而且由于资本寻求增值回报，又自然会促进革新和技术进步。这些进步，连同整个过程，将会使整个社会受益并将为整个世界增加财富。因此，我们反对那种将增加股东价值认为是非人性且短视的观点。相反，我们应将创造股东价值的热情视为推动社会进步的热情。

　　我们希望您在未来的价值评估过程中能够有好运！

雅各布·托勒瑞德和大卫·弗里克曼

附录 A
激励人心的关键价值驱动因素列表

财务价值驱动因素

平均到期负债 / 平均到期资产

这个比率衡量了公司对利息率变化的敏感度。这个比率越接近 1，公司的敏感程度就越低。通常来讲，我们期望资产与负债同时到期，因此这将意味着该项目可对冲利率的变化。如果债务期限是两年半，但是项目将持续五年，那么就需要在项目中期进行再融资，而此时的利率可能与之前计算项目财务可行性时的预测值完全不同，这也将导致项目最终变成非盈利项目。

收入、现金流量和利润增长率

增长率等于今年比去年的数据同比增加的百分比。增长率同加权平均资本成本和投入资本回报率一起，形成所有财务价值驱动因素的基础。

投入资本回报率

投入资本回报率等于税后净营业利润（NOPAT）/ 投入资本。

总自由现金流量

公司经营所获得的现金流量，这部分现金可以用来分配给债权人及股东，并且不会降低公司的生产能力。

每个雇员的价值增加值

价值增加值被用来衡量公司创造价值的能力，它是公司在其投入基础上增加的超出其投入部分的价值。最终产品或服务的销售价格与原材料、时间和所需财务投入之间的差值就是价值增加值。

加权平均资本成本（WACC）

WACC 表示加权平均资本成本，用来简单地衡量债务和股本的平均成本。

智力资本

目标群的求职申请

公司每年收到的员工求职申请表的数量是衡量公司作为雇主声誉的指标。当然，申请者的质量比数量更为重要，因此也可以从公司希望招聘到的目标群体中计算申请率。

能力发展费用 / 雇员

这是指公司花费在开发员工特殊技能及知识培养方面的费用。例如，公司可能为新的市场开发部门员工组织一场关于如何在马来西亚展开业务的研讨会，或是为程序员提供一堂关于动态数据库如何使用 C++ 进行编程的课程。这并不包括增加一般行业知识所需要的花费。

公司产品的质量性能（ISO9002）

公司产品同质量标准偏离了多少？公司是否符合 ISO9002 规范？公司是否达到了 ISO9002 所需要的标准？

客户品牌忠诚度指数

这是一个用来衡量公司品牌投资回报程度的指标。当客户遇到产品或服务问题时，更换供应商 / 服务商的倾向如何？公司留住这些客户的能力又有多强？

行业培训和教育成本

公司花费在一般的行业知识上的教育花费。例如，为一家网站设计公司的顾问举办一场关于下一代网站设计的研讨会，或是为律师开办关于知识产权法日益重要的研讨会。

公共关系投资

花费在搭建或是发展公共关系上的费用，比如公共关系部门的费用或是专门委托的负责游说的公司，也可以通过举办一些公共关系活动来实现。

品牌投资

所有用于创造、建立、加强、提升和开发品牌的花费。其计量方法通常为营销预算减去那些不能增加未来潜在利润的成本。

领导力培训和教育费用

所有用于员工领导力提升的培训及教育费用。需要注意的是，这方面的花费包括公司所有级别的员工，而不仅仅是管理者。

激励指数

这一指数用来显示用于内部员工关系上的投资回报情况。该员工是如何被激励的？衡量方法是通过询问员工问题来实现的，类似的问题如：你觉得对工作的感兴趣程度是怎样的？你觉得公司的激励机制如何？

创造收入的员工 / 总体员工

创造收入的员工是指对公司产生收入的工作负有核心责任的所有员工。

满意的客户指数

声称对公司提供的产品质量或是服务质量很满意的消费者的数目。此值大于1，表示提供的产品或是服务高于预期。公司作为供应商来讲其效率如何？公司是否及时提供了满足预期的产品或服务（在诸如质量、数量和时效性等方面）。这些产品或服务的售后怎么样？对于供应商而言，供应商效率指数需问到相同的问题。

满意的员工指数

这是用来衡量员工在公司工作的快乐程度的指标。员工满意度是怎样的？他们对自己工作状态的享受程度如何？对工作环境是否满意？他们是否对公司及这份工作心存感谢？又是否对公司其他员工心存感谢？

供应商效率指标

供应商的效率如何？他们是否及时提交了满足预期的产品或服务（诸如质量、数量和时效性等方面）。这些产品或服务的售后怎么样？满意的客户指数需问到相同的问题。

成功 / 失败指标

这个比率是接触并成功销售的客户数量除以接触但没有成功销售的客户数量。它为衡量销售部门的效率提供了必要的信息。

行业结构

进入壁垒 / 退出壁垒

进入壁垒是一种常见的方法，具体是指那些使公司进入行业中变得更难或是需要更多投入的因素。

行业增长

行业增长率由两个变量构成，即国民生产总值增长率和特定行业的增长率。

客户讨价还价能力

处于强势谈判地位的客户可以通过要求支付相对低的价格、获得更好的服务或是更先进的指标而降低行业的利润率水平。

供应商讨价还价能力

如果供应商在谈判中处于强势的地位，他们也可以降低行业的利润率。

相对市场份额

相对市场份额等于一家公司的市场份额除以总的市场份额，例如本书范例公司所处行业有四个主要竞争者。这一衡量指标很好地体现了公司在其特定行业中的地位是怎样的，同时也可以体现行业整体的竞争状况。

替代产品的威胁性

替代品是指能够完全提供相同功能，并满足顾客相同需要的产品或是服务。替代产品通过设置产品价格上限来限制行业的盈利能力。

监管条款的威胁或者保护

政府通常会对那些牺牲消费者利益而有利行业的行为进行市场监管。无论监管条款以何种方式直接影响行业利益，它都需要公司加以考虑。

价值评估信息清单

行业和竞争

A. 市场规模和特征

- 为公司每个服务 / 产品组进行单个地理市场的描述（包括全球范围内信息的提供）。
- 列出可以获得的所有独立机构的市场调查（或是其他的市场信息）。

B. 市场趋势

- 描述与各个市场相关的历史的、当前的和未来的市场趋势或是发展趋势（也包括原因），具体包括：
  - 价格的变化；
  - 客户基础的变化；
  - 用户类型的变化；
  - 向前或是向后的一体化趋势。

C. 市场结构

- 描述每个市场参与者的不同类型，并且对主要参与者进行更详细的描述。
- 区分竞争是来自行业外还是行业内，例如是否有大型的财务实力很强的公司在本行业内开展收购？
- 描述参与到行业中的公司的稳定性，是否有失败的公司？失败的原因又是什么？
- 描述每个主要参与者当前的市场份额。
- 描述主要参与者相对市场份额的历史或是未来的变化，并讨论产生变化的原因。

D. 竞争者的特征

- 描述并评估影响每个主要竞争者取得成功的因素。
  - 竞争者很享受当前的规模经济效应，例如采购、营销或是配送。
  - 竞争者很享受现存的产品差异性，例如产品享有的溢价、客户忠诚度。
  - 竞争者很享受现有的向前或是向后的一体化。

　　　－竞争者很享受现有的一些其他优势，包括：

　　　　✓ 优秀的管理层团队；

　　　　✓ 性能优越的设备；

　　　　✓ 与众不同的工业技术秘诀；

　　　　✓ 有吸引优秀人才的能力；

　　　　✓ 与供应商之间的良好关系；

　　　　✓ 与客户或是客户群体间良好的关系。

- 描述每个主要竞争者的竞争方式和每个主要竞争者重要的其他行为方式，并额外关注如下几点：

　　　－价格竞争；

　　　－服务竞争；

　　　－趋向于集中 / 垄断还是远离集中 / 垄断；

　　　－市场细分的参与者还是独立的竞争者；

　　　－对道德、法律行为等负责还是不负责任的竞争者。

公司具体细节

A. 产品 / 服务

- 描述历史的和未来的某一特定产品或服务的产量、收入以及费用，例如去年、近期一段时间和下一年。
- 描述最近公司正在开发的产品或是服务，包括预计投产日期、所有的测试结果、预计的启动成本以及固定资产投资、营运资本的需求和预期的财务结果。
- 描述公司所面临的技术替代、产品报废以及发生专利权到期情形的风险级别。

B. 成本结构概览

- 描述销货成本的每一部分主要构成，例如合计和相对的员工成本、直接管理费用成本等。在相对或是绝对的基础上，描述这些成本组成部分在一段时期内是如何发生改变的以及为什么会有这些改变。

C. 供应商

- 哪些产品、服务正在或将由公司自己供应，哪些正在或将会从第三方供应商那里采购？
- 描述供应商。
- 描述公司所有的与供应商之间长期的供应合同，以及与原材料采购相关的其他合同。
- 描述公司与主要供应商之间关系的条款及条件

D. 研发

- 描述公司的研发活动，包括曾经的或是计划的研发费用及需要的设备支持。
- 描述公司研发活动的关注焦点或是战略，例如是要对已有的产品或是服务的更新／功能增强，还是开发新的产品？
- 描述公司的研发行为同行业平均水平的对比状况。

E. 质量控制

- 描述公司维护或是提升产品质量的管理系统，例如参与到质量控制中的员工数、这些员工的背景及专业程度；检查、测试及后续的其他活动等。

市场状况

A. 客户基础

- 描述公司的客户基础，包括一般客户的主要特征、客户按类别细分了吗？
- 描述公司现有客户基础的历史的变化及未来要发生的变化，并包括这些变化产生的原因。
- 提供一个对公司的主要客户详细描述的列表，包括这些客户的：

　– 消费额；

　– 忠诚度；

　– 合同相关安排。

- 显示客户数量以及 / 或者确定那些占比较大的重要客户。

B. 营销组织

- 描述公司所雇佣的营销组织的状况，包括营销人员状况、组织结构、激励机制和外部专业营销人员的使用状况。

C. 广告及推广

- 与公司主要的竞争者比较营销策略和市场预算。
- 描述公司最近采取的或是放弃的营销策略（并说明原因）。
- 描述以下各项对公司营销策略的重要性：

　– 产品差异性（品牌、名称、质量形象、技术和其他优势）；

　– 产品价格（公司相对其竞争者来说是以高价还是折扣价卖出产品）；

　– 有利的客户关系；

　– 服务。

D. 价格策略

- 描述产品价格是如何设定并由谁设定的。
- 描述目标公司或是其他竞争者所享有的价格支持或是交易障碍。

销售资料

A. 销售组织

- 描述公司雇佣的销售人员的情况，包括人员信息、组织结构和激励机制。
- 描述为公司销售人员所提供的培训的情况。

- 描述公司使用的外部销售组织，包括薪酬安排、所服务的市场、每一个组织所分配产品的数量及销售收入、同客户关系的持续时间及客户满意度。
- 描述公司使用的所有分销渠道，包括每个销售渠道的销售量和销售额。
- 描述关系到公司或是行业内曾经使用过的，或是未来将要使用的涉及销售方法和产品渠道的行为和趋势。

B. 销售趋势

- 描述历史的、当前的和未来的销售趋势，包括季节销售、销售周期和区域划分。

C. 国外销售和经营

- 描述历史的、当前的和预测的销售和收入及利润，例如去年、最近一段时间和下一年，属于国外范围的经营和销售要将每一个国家分开来进行描述，并附上关于趋势和任何改变发生的原因的描述。
- 描述集中在国外销售和经营上的特殊的风险。
- 描述如果出现汇率波动所带来的影响。

D. 销售佣金和折扣

- 提供过去三年中和最近一段时间关于销售佣金和折扣的分析，并附带对非正常数据、趋势和变化的解释。

员工

- 描述公司总的员工数和员工的平均工作年限。
- 将员工数按如下一些条件进行归类：
  - 按地理位置（如果公司有一个以上的子工厂）；
  - 按员工工作类型（全职或是兼职）；
  - 按工会成员或是非工会成员；
  - 按薪酬；

　　－按职能或是专业技能，例如销售人员的数量、管理人员的数量以及一线实际
　　　生产人员的数量。

- 描述公司员工的福利计划，例如养老金、资金、医疗保险、意外伤害保险、生
  命保险、股票期权和退休计划等。
- 描述公司员工的薪酬安排，评估是否有竞争力。
- 描述公司外聘的咨询顾问和 / 或者阶段性为公司工作的自由兼职员工。包括：
  - 工作的表现；
  - 薪酬安排；
  - 不使用公司内部员工的原因。

历史的财务信息

A. 历史的损益报告

- 列出公司过去一个财务年和最近一段时间（以及前一年度相对应时间内）的损
  益表报告。
- 如果公司在不同地区做销售，需要提供各区域的损益报告。

B. 历史的资产负债表

- 列出公司过去一个财务年和最近一段时间（以及前一年度相对应时间内）的资
  产负债表报告。

C. 历史的现金流量报告

- 列出公司过去一个财务年和最近一段时间（以及前一年度相对应时间内）的营
  业现金流量报告。

D. 财务报表注释

- 详细解释报表中的每一个调整科目（这些科目或者是已经做了调整，或者是需

要做调整后才更准确），以此来反映公司的实际财务状况和公司的真实情况。需要调整的科目包括：

- 扣除公司所支付的股东分红；

- 扣除公司已经支付的管理费用；

- 扣除需要被剥离的不属于或只有部分属于公司的经营费用；

- 扣除属于公司但不是在公司范围内产生的管理费用；

- 除掉所有公司内部应收以及/或是应付账款；

- 针对所得税和折旧所做出相应调整；

- 扣除所有非经常性发生的非经常性项目。

- 描述公司所用到的非常重大的会计政策，包括：

  - 库存的评估，例如先进先出法、后进先出法、平均法、零售存货法和基础库存法；

  - 折旧，例如直接折旧法、年数法、工作量法、年数总和法、双倍余额递减法和偿债基金法；

  - 养老金的计提方法，例如保险精算法和所使用的假设、基金计提法的使用和过去未计提基金的服务成本、基金数量及收益的关系；

  - 研发成本，例如直接计入费用还是在一年中定期摊销，还包括内部开发的无形资产的核算；

  - 收入的确认：

    ✓ 产品的销售或服务的提供（在产品销售时，货款已经回收时，或是产品完成时）；

    ✓ 关联方交易；

    ✓ 销售给客户时的现金折扣及对收入的影响，例如折扣是在销售产品时还是在回收货款时发生。

  - 尚未摊销的债务、偿还债务期间的费用或是已偿还的债务，例如直线摊销或是利息法摊销；

  - 个人保险的记账方法，例如：计提准备或是直接费用化；

  - 外汇汇率波动导致的损益的记账方法；

　　– 合并政策，例如完全合并法、权益或成本合并法；

　　– 长期投资估值的基础；

　　– 重要的财产租赁核算法，如资本化或是费用化；

　　– 在财务报表中表达公司有投资存在的方法。

- 提供关系到所有非常规赊购和费用的详细信息。
- 提供涉及负债、诉讼、合同担保和外币损失等应计科目的详细信息。

财务预测

A. 公司预测的未来三年的损益表

- 提供详细的公司预测未来三年的损益表，要尽量使用与公司过去和现在的损益表相同的核算方式和科目。如果出现预测结果和实际发生偏离，需要解释出现偏离的原因，如果有可能，需要对预测进行调整。
- 使用脚注，使得审阅预测损益表的人可以参考假设部分的内容，以此来辅助整个财务预测。

B. 公司更详细预测的未来三年的损益表

- 如果公司提供多种不同类型产品或服务，或是有多条生产线，可以按照生产线来准备预测的损益表，所应包含的内容已在上面 A 部分列出。
- 如果公司的产品分销在不同区域的市场中，要按区域准备公司的损益表，所应包含的内容已在上面 A 部分列出。

C. 公司预测的未来三年的资产负债表

- 提供详细的公司预测的未来三年的资产负债表，尽可能使用与公司过去和现在的资产负债表相同的核算方式和科目。如果出现预测结果和实际发生偏离，需要解释出现偏离的原因，如果有可能，需要对预测进行调整。
- 使用脚注，使得审阅预测的资产负债表的人可以参考假设部分的内容，以此来辅助整个财务预测。

D. 公司预测的未来三年的营业现金流量表

- 提供详细的公司预测未来三年的现金流量表，应尽量使用与公司过去和现在的营业现金流量表相同的核算方式和科目。如果出现预测结果和实际发生偏离，需要解释出现偏离的原因，如果有可能，需要对预测进行调整。

E. 财务预测的假设

- 详细说明在预测销售收入中每一部分所隐含的或是假设的增长率。在某种程度上对增长率进行量化，来确定增长率的增加／减少是因产品售价的增加／减少还是因销量的增加／减少。简单地对于增长率增加或减少的原因给予解释。
- 详细说明公司资产、负债和所有者权益中隐含的或是假设的增长率。解释增长率增减的原因，是大额投资导致还是资产剥离导致。
- 参考以下的各个条件，详细描述估值所做的各种假设：
  - 未来三年预测期内的通货膨胀率；
  - 未来三年的税率；
  - 如果公司的对外销售额或所占总销售收入比率很大，未来三年预测期内的汇率影响；
  - 如果公司存在债务，需要考虑未来三年的利息率；
  - 公司未来三年的资本结构和融资状况，发生或偿还的债务数量，发行或收回的债务数量等；
  - 未来三年预测期内财务政策的任何改变；
  - 隐含或是假设的任何不会重复发生的或是非正常的收入或开销，例如收购或出售重要资产，公司经营过程中或是整个市场运行过程中所碰到的非正常事件的量化影响。

词 汇 表

账面价值（book value）是指公司资产负债表上所记录的股本价值。这个价值同时也是股东权益的账面价值。账面价值几乎不会同公司股票的市场价值相同。

年复合增长率（compound annual growth rate，CAGR）是指某些特定年份期间的年同比回报率或是增长率。用来衡量在这段时间内，假设每年相同的情况下回报率和增长率是多少。

持续价值或终值（continuous value or terminal value）是指明确预测期（或是高速增长期）后（到无限期）所有的自由现金流量的现值之和。

产品销货成本（cost of goods sold，COGS）代表着购买原材料和生产完整产品的成本，包括固定成本（例如材料和人工）和可变成本（例如工厂管理费用）。

客户关系管理（customer relationship management，CRM）是一种涉及方法、软件以及互联网能力的信息产业术语，旨在帮助公司以一种更有条理的方式维护其与客户的关系。

现金流量折现（discounted cash flow，DCF）是一种估值方法，将未来现金流量以一个合适的贴现率折现到当前。

债务/股本率（debt/equity ratio）反映的是相对于公司股东权益而言公司债务占多少比率。其计算方法是用公司总债务除以公司的股东权益。

折旧（depreciation）就是根据固定资产预计使用年限，在其原值减去净残值（有的固定资产无净残值）的基础上平均摊入每年的投资成本，因此会对当年的利润有影响。

折现率（discount rate）是指将现金流量折现为现值的乘数。在现金流量折现计算中，这个值通常小于1，表现为1/（1+加权平均资本成本）的 n 次方，n 为折现期的年数。

利润（earnings）是指用收入减去成本和其他花费后的余额。

息税前利润（earning before interest and tax，EBIT）是指销售收入减去产品销货成本和其他管理成本后的余额。换句话说，它是指扣除利息和所得税前所有的营业和非营业利润。

息税折旧摊销前利润（earning before interest and tax, depreciation and amortization，EBITDA）是指扣除利息、所得税、折旧和摊销前的利润，是指在所有的产品或是服务、销售和管理费用都被计算后的利润，有时也被称为营业利润。

估算的股本成本（estimated cost of equity，ECE）是指一种计算股本成本的简化的方法。

明确的预测期（explicit value period）是指未来的几年中，可以合理准确地预测现金流量的一段时期，在这段时间内的现金流量是逐年计算的。

先进先出法（first in，first out. FIFO）是一种库存成本流管理法，是指根据先入库先发出的原则，对于发出的存货以先入库存货的单价计算发出存货成本的方法。期末存货反映的则是最近购买的价格。

自由现金流量（free cash flow）是指可以分配给公司所有的投资人或是其他有要求权的人的现金流量。

高速增长期（hypergrowth period）是指可明确预测期后的几年，在这期间公司的现金流量增长速度仍然高于稳定期，但是又不值得再详细进行预测。

行业结构（industry structure ）是指公司所在行业的竞争结构。行业的竞争通常是通过对进入壁垒、供应商的讨价还价能力、客户的讨价还价能力和来自替代产品的威胁来衡量的。

智力资本（intellectual capital）是指公司集合的知识、经验、组织技术、专业能力和客户关系的价值。智力资本通常被划分为人力资本和结构资本。

关键价值驱动因素（key value driver）是指一个对资本成本有很重大影响的变量。

杠杆收购（leveraged buyout，LBO）。在一个杠杆收购中，收购方依靠大量的债务资本融资来完成交易（通常会产生高的负债/权益杠杆比率），收购成功后再依靠所收购公司的现金流量来偿还债务。这一收购方式在20世纪80年代时，伴随迈克尔·米尔肯提供的大量且相对便宜的借贷资金，也就是所谓的"垃圾债券"后变得非常流行。

后进先出法（last in，First out. LIFO）是一种库存成本流管理法，假定存货成本按照其发生的相反次序流动，即首先发生的成本作为期末存货成本——先买进来的后卖出去。

管理层收购（management buyout，MBO）同杠杆收购法类似，但是收购方是被收购公司的现有管理层。

乘数（multiple）反映的是公司价值与一个特定变量之间的关系。例如，收入乘数反映的是公司价值与公司收入之间的相互关系。

净资产估值（net asset valuation）是指基于资产负债表上的公司资产和负债间的差异，同时对不影响公司价值的会计科目进行调整后的价值。

扣除调整税的净营业利润（net operating profit less adjusted tax，NOPLAT）是指公司在没有杠杆效应（也就是假设公司没有债务）前提下的净利润水平，也称为息前税后利润，多用于经济增加量的计算中。

固定资产净值（property，plant and equipment，PPE）是资产负债表中的科目，计算方法是用原始的成本价减去累积的折旧费用，通常也被称为固定资产。

销售、管理及一般费用（selling、general and administrative expense，SGA）体现在损益表中，其包含了所有与公司运营相关的销售及一般费用。

稳定状态（steady state）是指当公司的增长率达到稳定且与国民生产总值的增长率相似的时候。这通常会是公司最后一个增长发展的阶段，是计算公司终值的起点。

风险投资（venture capital）是指早期公司融资的阶段。

加权平均资本成本（weighted average cost of capital，WACC）。公司通常会综合使用债务和股本来进行融资，加权平均资本成本是公司不同融资方式的平均成本。

营运资本（working capital，WC）包括流动现金、应收账款、存货减去应付账款以及其他无息负债（例如应付工资、应付税金等）后的总额。

延伸阅读

报告和书籍

The Balanced Scorecard, R. Kaplan and D. Norton, Boston, Harvard Business School Press, 1996.

Buffettology: The previously unexplained techniques that have made Warren Buffett the world's most famous investor, M. Buffett and D. Clark, Simon & Schuster, 1997.

Competing for the Future, G. Hamel and C. K. Prahalad, Boston, Harvard Business School Press,1994.

Competitive Strategy – Techniques for Analyzing Industries and Competitors, M. E. Porter,Boston, The Free Press, 1980 and 1998.

Creating Shareholder Value, A. Rappaport, Simon & Schuster, 1998.

Essays in Company Valuation, Joakim Levin, doctoral dissertation, Stockholm, Stockholm School of Economics, 1998.

EVA and Value Based Management – A Practical Guide to Implementation, S. D. Young and S. F. O'Byrne, McGraw-Hill Education, 2001.

Funky Business – Talent Makes Capital Dance, K. A. Nordström and J. Ridderstråle, Financial Times Prentice Hall, 2000.

The Gorilla Game – An Investors' Guide to Picking Winners in Hi-technology, G. A. Moore, P. Johnson and T. Kippola, Capstone Publishing Limited, 1998.

Intellectual Capital – Navigating in the New Business Landscape, J. Roos, G. Roos, L. Edvinsson and N. Dragonetti, Basingstoke, Palgrave, 1997.

Intellectual Capital –The Proven Way to Establish your Company's Real Value by Measuring its Hidden Brain Power, L. Edvinsson and M. Malone, HarperBusiness, 1997.

Principles of Corporate Finance, R. Brealy and S. Meyers, Higher Education US Editions, McGraw-Hill, 1996.

Real Options – A Practioner's Guide, T. Copeland and V. Antikarov, Texere Publishing, 2000.

The Quest for Value, G.B. Stewart III, HarperCollins, 1991.

Valuation of Companies in Emerging Markets, L. E. Pereiro, John Wiley & Sons, 2002.

Valuation of Knowledge Companies – Identifying the Key Value Drivers, D. Frykman and J. Tolleryd, IVA – Royal Swedish Academy of Engineering Sciences, 1999.

Valuation –Measuring and Managing the Value of Companies, 3rd edition, T. Copeland, T. Coller and J. Murrin, John Wiley & Sons, 1995.

Value Based Management – The Corporate Response to the Shareholder Revolution, J. D. Martin and J.W. Petty, Oxford University Press Inc., 2000.

Valuing Financial Institutions, Z. C. Mercer, McGraw-Hill Education, 1992.

文章

A better tool for valuing operations, T. Luehrman, *Harvard Business Review*, May– June 1997.

Dividend policy, growth and the valuation of shares, F. Modigliani and M. Miller, *Journal of Business*, Vol. 34:4, 1961.

Terminal value techniques in equity valuation – implications of the steady state assumption, J. Levin and P. Olsson, *SSE/EFI Working Paper Series in Business Administration*, No. 2000:7, 2000.

The cost of capital, corporation finance and the theory of investment, F. Modigliani and M. Miller, *American Economic Review*, Vol. 48:3, 1958.

The pricing of options and corporate liabilities, F. Black and M. Scholes, *Journal of Political Economy*, 1973.

The real power of real options, K. Leslie and M. Michaels, *McKinsey Quarterly*, No. 3, 1997.

What's it worth? A general manager's guide to valuation, T. Luehrman, *Harvard Business Review*, May–June 1997.

关于作者

　　大卫·弗里克曼是弗雷德创业投资公司的执行总裁和公司所有者。该公司是一家私有的投资公司。早些时候，大卫是 Gymgrossisten（纳斯达克的公司代码为：GYM）公司的执行总裁和主要股东。在此之前，大卫是在瑞典银行市场企业融资部担任副总裁一职，并曾在风险投资公司 Novare 资本和 Spray 投资工作。在担任公司所有者、董事会成员和执行总裁等不同的角色期间，大卫指导完成了大量的兼并和收购、融资以及资产剥离业务。大卫取得了斯德哥尔摩大学经济和金融专业的硕士学位以及该校的心理学学士学位。

　　雅各布·托勒瑞德是瑞典的创业者和投资人，他是许多 IT 和互联网公司的幕后创始人和投资人。这些公司包括：Compricer，一个提供价格比较服务的网站；Easyart，欧洲艺术印刷品电子商务公司的领军企业；Klikki，斯堪的纳维亚半岛领先的在线营销咨询公司。雅各布还是 Carambole 公司（一家泛欧网络公司）的创始人和前执行总裁，以及 Cogent IPC 公司（知识产权咨询公司）的创始人。雅各布是创业、成长型公司和公司估值方面的知名讲师和演讲家。雅各布在斯德哥尔摩经济学院和加拿大毅伟商学院获得经济学和金融学硕士学位。

　　雅各布·托勒瑞德和大卫·弗里克曼同时也是《成长公司价值评估：方法和模型》（ *Valuation of Growth Companies: Methods and models for valuation of growth companies* ）一书的作者，这本书是为瑞典皇家工程学院而写的。

序号	中文书名	英文书名	作者	定价	出版时间
1	如何吸引天使投资：投资人与创业者双向解密	Attracting Capital From Angels: How Their Money - and Their Experience - Can Help You Build a Successful Company	Brian E. Hill Dee Power	58.00	2013.6
2	并购之王:投行老狐狸深度披露企业并购内幕	Mergers & Acquisitions: An Insider's Guide to the Purchase and Sale of Middle Market Business Interests	Dennis J. Roberts	78.00	2014.5
3	投资银行：估值、杠杆收购、兼并与收购（原书第2版）	Investment Banking, Valuation, Leveraged Buyouts, and Mergers & Acquisitions(2nd Edition)	Joshua Rosenbaum Joshua Pearl	99.00	2014.10
4	投资银行练习手册	Investment Banking: Workbook	Joshua Rosenbaum Joshua Pearl	49.00	2014.10
5	投资银行精华讲义	Investment Banking: Focus Notes	Joshua Rosenbaum Joshua Pearl	49.00	2014.10
6	财务模型与估值：投行与私募股权实践指南	Financial Modeling and Valuation: A Practical Guide to Investment Banking and Private Equity	Paul Pignataro	68.00	2014.10
7	风险投资估值方法与案例	Venture Capital Valuation, + Website: Case Studies and Methodology	Lorenzo Carver	59.00	2015.1
8	亚洲财务黑洞	Asian Financial Statement Analysis: Detecting Financial Irregularities	Chinhwee Tan, Thomas R. Robinson	68.00	2015.4
9	大并购时代	Mergers and Acquisitions Strategy for Consolidations: Roll Up, Roll Out and Innovate for Superior Growth and Returns	Norman W. Hoffmann	69.00	2016.3
10	做空：最危险的交易	The Most Dangerous Trade	Richard Teitelbaum	59.00	2016.6
11	绿色国王	Le roi vert	Paul-Loup Sulitzer	49.90	2016.8
12	市场法估值	The Market Approach to Valuing Businesses	Shannon P. Pratt	79.00	2017.3
13	投行人生：摩根士丹利副主席的40年职业洞见	Unequaled : Tips for Building a Successful Career through Emotional Intelligence	James A. Runde	49.90	2017.5

序号	中文书名	英文书名	作者	定价	出版时间
14	公司估值(原书第2版)	The Financial Times Guide to Corporate Valuation (2nd Edition)	David Frykman, Jakob Tolleryd	49.00	2017.10
15	投资银行面试指南	The Technical Interview Guide to Investment Banking, +Website	Paul Pignataro	59.00	2017.11
16	并购、剥离与资产重组：投资银行和私募股权实践指南	Mergers, Acquisitions, Divestitures, and Other Restructurings	Paul Pignataro	69.00	2018.1
17	公司金融：金融工具、财务政策和估值方法的案例实践	Lessons in Corporate Finance: A Case Studies Approach to Financial Tools, Financial Policies, and Valuation	Paul Asquith, Lawrence A. Weiss	99.00	2018.1
18	财务模型：公司估值、兼并与收购、项目融资	Corporate and Project Finance Modeling: Theory and Practice	Edward Bodmer	109.00	2018.3
19	杠杆收购：投资银行和私募股权实践指南	Leveraged Buyouts, + Website: A Practical Guide to Investment Banking and Private Equity	Paul Pignataro	79.00	2018.4
20	证券分析师实践指南（经典版）	Best Practices for Equity Research Analysts: Essentials for Buy-Side and Sell-Side Analysts	James J. Valentine CFA	79.00	2018.6
21	私募帝国：全球PE巨头统治世界的真相（经典版）	The New Tycoons: Inside the Trillion Dollar Private Equity Industry that Owns Everything	Jason Kelly	69.90	2018.6
22	证券分析师进阶指南	Pitch the Perfect Investment: The Essential Guide to Winning on Wall Street	Paul D. Sonkin，Paul Johnson	139.00	2018.9
23	财务建模：设计、构建及应用的完整指南（原书第3版）	Building Financial Models	John S.Tjia	89.00	2020.1
24	7个财务模型：写给分析师、投资者和金融专业人士	7 Financial Models for Analysts，Investors and Finance Professionals	Paul Lower	69.00	2020.4
25	财务模型实践指南（原书第3版）	Using Excel for Business and Financial Modeling	Danielle Stein Fairhurst	99.00	2020.5